本书为国家社会科学基金教育学一般课题“新中国成立70年民族预科教育发展历史与经验研究”（BMA190031）研究成果

高校民族预科办学成效研究

胡炳仙 著

武汉出版社
WUHAN
PUBLISHING HOUSE

（鄂）新登字 08 号
图书在版编目（CIP）数据

高校民族预科办学成效研究 / 胡炳仙著 . — 武汉 ：武汉出版社，2023.9

ISBN 978-7-5582-6259-3

Ⅰ . ①高… Ⅱ . ①胡… Ⅲ . ①高等教育 - 少数民族教育 - 教育研究 - 中国 Ⅳ . ① G758.4

中国国家版本馆 CIP 数据核字（2023）第 177376 号

著　　者：胡炳仙
责任编辑：赵　可
助理编辑：王　玥
出　　版：武汉出版社
社　　址：武汉市江岸区兴业路 136 号　　邮　　编：430014
电　　话：（027）85606403　　85600625
http://www.whcbs.com　　E-mail: whcbszbs@163.com
印　　刷：武汉市籍缘印刷厂　　经　　销：新华书店
开　　本：787 mm × 1092 mm　　1/16
印　　张：14.5　　字　　数：208 千字
版　　次：2023 年 9 月第 1 版　　2023 年 9 月第 1 次印刷
定　　价：48.00 元

目　录
Contents

第一章　绪　论

一、问题的提出

高校预科教育也就是我们讲的民族预科教育。预科教育是我国民族高等教育的重要组成部分，是我国政府为保证少数民族学生顺利完成高等教育而出台的一项保证教育机会公平的政策。迄今为止，高校预科教育在我国已有 70 余年的历史，目前已形成重点高校的研究生预科教育（少数民族骨干计划）、本科层次预科教育（民族预科教育基地、民族院校、其他学校）和专科高职层次的预科教育共三种类型，及免费预科生和普通预科生两种招生形式。为改变预科教育办学分散的局面，自 21 世纪以来，教育部在全国陆续设立了多所全国高校少数民族预科教育基地，如北京邮电大学民族教育学院、东北师范大学民族教育学院、西南民族大学民族教育学院、北京理工大学秦皇岛分校、南昌工学院民族教育学院、黄河科技学院民族学院、宁夏大学民族预科教育学院、辽宁石油化工大学民族教育学院等。此外，部分地方政府也设立了省市级的高校少数民族教育基地，如云南省在云南民族大学设立云南省高等学校少数民族预科教育基地，湖南省在吉首大学设立湖南省普通高等学校少数民族预科教育基地，广西壮族自治区在广西民族大学、百色学院设立广西少数民族预科教育基地等。

《国家中长期教育改革和发展规划纲要（2010—2020 年）》中指出："进一步办好高校民族预科班。加大对人口较少民族教育事业的扶持力度。"《国务院关于加快发展民族教育的决定》（国发〔2015〕46 号）指出："适度扩大高校民族班、预科班招生规模以及东中部高校招收内地西藏新疆班高中毕业生规模"，"完善高校民族班、民族预科班招生办法，探索实施高校民族预科阶段结业会考制度，不断提高培养质量"。

70 多年来，我国民族预科教育取得了很大成绩，积累了许多办学经验和做法，但同时也存在许多争议和问题，例如是否需要坚持集中办学？是否需要进行统一会考？民族预科教育质量如何？因此，我们需要对民族预科教育的办学成效进行科学评估。

二、研究目的和意义

（一）本课题的研究目的

第一，以马克思主义教育学说和民族理论为指导，立足于我国民族预科教育实际，在全面梳理我国民族预科教育政策历史的基础上，构建符合民族预科教育实际的教育评价指标体系，并将其运用于高校预科办学中进行实证调查和数据分析，归纳我国高校预科办学成绩及主要问题。

第二，立足于新时代我国民族预科教育政策实践和高校教育创新实践，从合法性和政策绩效两个角度，提出改革完善高校预科教育的政策建议。

（二）本课题的研究意义

第一，加深对民族预科教育的认识，丰富民族高等教育理论。本研究提出的高校预科教育办学定位、培养目标和课程体系，构建的高校预科教育评价指标，归纳的高校预科教育办学经验和办学规律，有助于加深对民族预科教育的认识，丰富民族预科教育理论。

第二，完善民族预科教育政策，为教育行政部门提供决策参考。本研究从问题出发，突出应用研究。通过对高校预科教育的办学现状进行深入调查，总结高校预科教育办学的成功经验，剖析高校预科教育办学面临的突出问题，最终提出进一步改革完善高校预科教育发展的政策建议，为教育主管部门和相关学校提供决策参考。

三、文献综述

目前关于民族预科教育办学成果的研究成果，集中在以下几个方面：

关于少数民族预科教育的地位和作用的研究。学者们对少数民族预科教育在民族高等教育的地位和作用都十分肯定，认为预科教育是我国民族高等教育的重要组成部分，但对民族预科教育的具体作用又有不同认识。哈经雄（1991）[1] 指出，少数民族预科教育对加速培养民族地区现代化建设人才和发展少数民族高等教育事业具有现实的积极的促进作用。而庄玉先（1994）[2] 认为，预科教育对少数民族高等教育具有促进和奠基作用。李学阶（1987）[3] 认为，预科教育为少数民族青年进入大学创造机会，对少数民族高等教育发展非常必要和及时。孙若穷（1990）[4] 认为，预科教育是少数民族高等教育的特殊办学形式，为少数民族学生升学提供了稳定的基础，且有助于提高少数民族人才培养质量。韦鹏飞（2009）[5] 通过 60 年民族预科教育的发展历史梳理，认为民族预科教育招收的少数民族大学生，在实践中逐步成为各条战线的骨干，取得了很好的政治、社会效应，深受少数民族的欢迎和社会各界的赞誉，并将民族预科教育称为“造就少数民族高级人才的金色桥梁”。民族预科教育为提高我国各民族群众的科学文化素质、促进民族地区经济发展和社会进步、加强民族团结和维护祖

1　哈经雄 . 中国共产党领导下少数民族教育事业的发展 [J]. 华中师范大学学报（哲学社会科学版）, 1990(02): 43–48.

2　庄玉先 . 预科教育在民族高等教育中的地位和作用 [J]. 西南民族学院学报（哲学社会科学版）, 1994(S1): 109–111.

3　李学阶 . 预科在发展民族高等教育中的作用 [J]. 中南民族学院学报（社会科学版）, 1987(03): 127–129.

4　孙若穷 . 必须从振兴教育入手 才能实现共同繁荣—— 试谈强化民族教育的迫切性 [J]. 民族教育研究 , 1990(04): 68–73.

5　韦鹏飞 . 造就少数民族高级人才的金色桥梁—— 普通高等院校少数民族预科教育 60 年的回顾与展望 [J]. 中国民族教育 , 2009(10): 17–19.

国统一、构建社会主义和谐社会、实现中华民族伟大复兴作出了不可替代的重大贡献。

关于少数民族预科教育的定位及性质的研究。在这一方面，学者们有不同的意见。第一种是特殊层次说。张广君（2004）[1]认为，少数民族预科教育是高等教育的特殊层次，它既不同于基础教育，也不是一般意义上的高等专业教育，而是对民族基础教育的有益补充。卢炳惠（2008）[2]认为，民族预科教育是少数民族高等教育的特殊阶段，是连接普通教育和高等教育的“桥梁”。第二种是超越论。张晓勤、欧阳常青（2008）[3]认为，传统的预科教育着是“预”“补”结合的适应性教育，其目标是合格，其内核是“1+4=4”。在新时代民族地区教育发展迅速的形势下，民族预科教育应定位为超越性教育，即“牢固基础，增强能力，扩大知识面”，达到“1+4>4”的目的。第三种是实然应然一体说。郑雪松（2011）[4]认为，20世纪90年代以前少数民族预科教育定位于“预”“补”的适应教育是合理的，但随着生源不断提高，其定位应超越“适应”，应以最近发展区为理论，确定应然目标。吕炳丽（2011）[5]认为应坚持理念、目标、服务和任务的统一。

关于少数民族预科教育的发展历史的研究。少数民族预科教育在我国已经有很长历史，我国学者对少数民族预科教育的发展历程进行了详尽研究。谢启晃（1989）[6]认为满蒙高等学堂是民族预科教育的起始阶段。他对满蒙高等学堂进行详细研究的同时，对民族班和民族预科班也进行了详

1　张广君．民族预科教育的基本定位、基本属性及其研究 [J]. 宁夏大学学报（人文社会科学版）. 2004(05): 85–87.

2　卢炳惠．西部大开发背景下民族预科教育的定位及意义 [J]. 湖南社会科学，2008(04): 162–164.

3　张晓勤，欧阳常青．新形势下民族预科教育的定位及课程设置探究 [J]. 广西民族大学学报（哲社版），2008(01): 179–184.

4　郑雪松．少数民族预科教育研究 [D]. 中央民族大学，2011: 12.

5　吕炳丽．造就少数民族高级人才的“金色桥梁”——中央民族大学预科教育 60 年回顾与展望 [J]. 民族教育研究，2011, 22(01): 86–90.

6　谢启晃．中国民族教育史纲 [M]. 南宁：广西教育出版社．1989: 32.

细描述。郑雪松（2011）[1]以中央民族大学为例，将预科教育发展分为起步阶段、停滞阶段、恢复阶段、加速发展阶段等四个阶段。韦鹏飞（2009）[2]在此基础上将新中国成立以来少数民族预科教育分为五个阶段：预科教育体系建立的阶段（1950—1965年），停滞阶段（1966—1976年），恢复阶段（1977—1983年），加速发展阶段（1984—2000年），规范化、科学化、制度化发展阶段（2001年至今）。哈丽丹（2013）[3]同样也把新中国成立后的少数民族预科教育分为初步发展阶段、停止发展阶段、恢复发展阶段、快速发展阶段等四个阶段。冯建新、周道军（2015）[4]则将民族预科教育分为起步期（1908—1911年）、艰难发展期（1912—1948年）、进一步发展期（1949—1966年）、变革期（1979年至今）。张伯成（2018）[5]将高校少数民族预科教育分为初创阶段（新中国成立初期）、重生阶段（1979—1983年）、自主阶段（1984—1999年）、发展阶段（2000年至今）。胡炳仙、胡琦轩（2018）[6]针对改革开放40年我国民族预科教育改革发展历史进行了全方位梳理，将其分为恢复与发展阶段（1978—1984年）、快速发展期（1985—2005年）、发展新时期（2005年至今）。张朝乐门（2018）[7]在《民族预科教育的制度化进程：新制度主义的视角》中根据新制度主义的关于制度化理论，将民族预科教育制度划分为四个阶段：起始阶段（模仿性过程阶段，即清末到民国时期）、初步发展阶段（模仿

1　郑雪松．少数民族预科教育研究[D]. 中央民族大学，2011: 56–59.

2　韦鹏飞．造就少数民族高级人才的金色桥梁——普通高等院校少数民族预科教育60年的回顾与展望[J]. 中国民族教育，2009(10): 17–19.

3　哈丽丹．少数民族预科教育课程设置研究[D]. 陕西师范大学，2013: 26–78.

4　冯建新，周道军．中国少数民族预科教育发展述评[J]. 民族高等教育研究，2015(05): 39–44.

5　张伯成．对普通高等学校少数民族预科教育发展“新时代”的思考[J]. 吉林省教育学院学报，2018, 34(11): 4–7.

6　胡炳仙，胡绮轩．改革开放40年我国民族预科教育的改革与发展[J]. 中国民族教育，2018(12): 14–16.

7　张朝乐门．民族预科教育的制度化进程：新制度主义的视角[J]. 民族教育研究，2018, 29(05): 74–82.

性与规范性压力阶段，即1949—1979年）、快速发展阶段（强制性同构阶段，即1980—1998年）、规模化发展阶段（高等教育大众化时代的强制性同构阶段，即1999年至今）。

关于少数民族预科教育的办学经验的研究。研究者从自身经验出发对该方面进行了不同视角的总结。例如，严玉明（2003）[1]指出，少数民族预科教育培养目标要与时俱进，适应民族地区经济社会的发展变化。周腾蛟（2009）[2]、艾比布拉（2004）[3]认为要改革少数民族预科方法，加强方法的科学性，注重个体差异性以及文化适应性，以最终实现少数民族预科教育目标。王洁（2009）[4]认为，少数民族预科教育可以渐进式地实施学分制，但是在事实过程中要不断完善制度。吉克跃林等学者（2011）[5]认为，针对民族预科教育模式的过渡性、层次性、特殊性特征，以及目前民族预科教育中存在的学生学习积极性不够、特困生多、学习基础差、教材不统一、办学经费不足等问题，未来的民族预科教育应设定一年制教学模式和二年制教学模式，并在教学原则、培养特色、教学方法与教学考核等方面切实适应民族预科教育的发展要求，达到为民族地区培养优秀建设人才的目的。吉克跃林等学者（2009）[6]和土登、邓晓琳、张震（2011）[7]指出，高校需要在民族预科教育过程中将思想政治教育放在首位，做好民族团结教育，坚持以理想信念教育为核心，以爱国主义教育为重点，以法纪教育为重要

1 严玉明 . 21世纪少数民族预科教育的改革与发展 [J]. 中央民族大学学报 , 2003(02): 33–38.

2 周腾蛟 . 简论民族预科教育的方法和时机 [J]. 高教论坛 , 2009(01): 108–110.

3 艾比布拉 . 西部大开发与民族高等教育 [J]. 西北民族大学学报（哲学社会科学版）, 2004(02): 154–156.

4 王洁 . 民族高校预科推行学分制的思考 [J]. 民族教育研究 , 2009, 20(03): 97–100.

5 吉克跃林 , 马锦卫 , 邓小林 , 唐敏 , 李如平 . 少数民族预科教育模式研究 [J]. 民族学刊 , 2011, 2(06): 73–77+103.

6 吉克跃林 , 马锦卫 , 邓晓琳 , 唐敏 , 李如平 . 民族预科教育研究—— 西南民族大学预科教育理论与实践 [J]. 西南民族大学学报（人文社科版）, 2009, 30(03): 4–10.

7 土登 , 邓晓琳 , 张震 . 少数民族预科学生民族团结教育的创新研究 [J]. 西南民族大学学报（人文社会科学版）, 2011, 32(11): 215–219.

手段，以民族理论与政策教育为途径，集课堂教育与实践活动于一体，强化管理，积极开展第二课堂活动。

除了一般意义上对少数民族预科教育办学经验的介绍之外，关于地方预科教育的经验总结的研究成果近年来也是另一个研究热点。例如，关于新疆少数民族预科教育，赵巨东、朝鲁（2003）[1]、武金峰（2004）[2]分别从比较研究和调查研究两个角度对新疆少数民族预科教育办学经验进行了总结，指出与内地民族学院相比，新疆高校民族预科在教育模式上有自身的特点。他们在生源上文化基础更差，培养目的强调为自己高校培养生源，学习内容主要是学习汉语言，教学规模比内地民族学院更大。新疆少数民族预科教育的办学始终把质量摆在民族高等教育的首位，不断提高民族学生汉语和外语水平，建设高质量的民族高等教育师资队伍，不断创新教学模式，加强对民族地区教育教学工作者的研究学习和交流。关于广西民族预科教育，何忠志（2009）[3]通过文献分析法总结了广西民族预科教育的办学经验，认为广西民族预科教育的发展经验主要有充分认识民族预科教育的办学意义、党和国家制定正确的关于民族预科教育的政策法规、各级领导对民族预科教育的高度重视和亲切关怀。关于内蒙古少数民族预科教育，黄顺（2011）[4]通过调研，指出内蒙古预科教育发展首先要充分认识民族预科的重要性，不断夯实预科生知识基础，提高入学和毕业门槛，建设优秀的师资队伍，加强内蒙古民族预科教育理论研究。宝乐日（2015）[5]则对内蒙古预科教育综合改革经验有四个方面的认识：民族预科分散办学形式更有利于发挥各高校教学资源优势，提高民族预科生的学业成绩和综

1　赵巨东，朝鲁 . 新疆和内蒙两地民族预科教育比较研究 [J]. 内蒙古工业大学学报（社会科学版），2003(02): 106–108.

2　武金峰 . 新疆高校民族预科教育模式与全国民族学院预科教育模式比较研究 [J]. 新疆师范大学学报（哲学社会科学版），2004(02): 146–151.

3　何忠志 . 广西民族预科教育研究 [D]. 广西民族大学，2009.

4　黄顺 . 内蒙古民族预科教育发展研究 [D]. 内蒙古师范大学，2011.

5　宝乐日，特木尔巴根 . 内蒙古民族预科教育综合改革探析 [J]. 内蒙古财经大学学报，2015, 13(03): 89–92.

合素质；不断创新民族预科教育人才培养模式，坚持以“预本衔接”为基本原则，加强教育教学体系各方面的统筹；不断完善民族预科教育评价，建立结业专业分流机制，进行综合素质测评和追踪调查；强化各高校之间的沟通交流。

关于少数民族预科教育课程与教学改革的研究。课程教学是预科教育的核心。关于少数民族预科教育课程设置问题及课程改革，宋太成（2006）[1]认为民族预科教育课程存在不因材施教、课程知识面狭窄等问题。袁波澜（2014）[2]、哈丽丹（2013）[3]、谢文欣、刘志林（2017）[4]通过调查认为，当前少数民族预科教育过分注重显性课程而忽视隐性课程影响，对心理教育课程及少数民族文化理论课程重视不足，课程过于重视补习。因此，他们提出要重视隐性课程资源开发，加强隐性课程积极作用，优化课程结构，将学年制与学分制结合起来。李本友、马金晶（2010）[5]从多元文化教育的视角提出多元共生的课程目标、文化均衡的课程内容、多维度的课程实施、变通式的课程评价，以构建适合少数民族学生学习的预科课程。党洁（2009）[6]则提出建立以“生”为本的预科教育体系，重视学生人文精神、实践能力培养，强化主干课程，保持内容的先进性和时代性。刘翠兰（2007）[7]提出建立课程教学考评和监控体系，突出课堂教学评价和监控。

1　宋太成．民族预科教育课程体系改革初探 [J]. 民族教育研究，2006(04): 90–96.

2　袁波澜，龙鲲浩．民族预科教育隐性课程建设思考 [N]. 贵州民族报．2014–05–20(A3).

3　哈丽丹．少数民族预科教育课程设置研究 [D]. 陕西师范大学，2013.

4　谢文欣，刘志林．少数民族预科教育隐性课程的特点及三个维度 [J]. 昌吉学院学报，2017(04): 13–16.

5　李本友，马金晶．少数民族预科学生教育的课程设计变革—— 基于多元文化教育的视角 [J]. 中国特殊教育，2010(12): 32–35+42.

6　党洁，宋海廷．我国少数民族预科教育的课程现状及其对策探析 [J]. 中国教师，2009(S1): 139–140.

7　刘翠兰．民族预科教育课程体系改革的思路与举措 [J]. 中国民族教育，2007(04): 21–22.

关于预科汉语课程研究。陈光友（2010）[1]、于丽（2005）[2]关注少数民族预科教育汉语教材，认为新疆高校预科汉语精读教材难度大，脱离实际，学生在学习中存在单音节词的调型偏误、调域偏误以及双音节词的偏误等问题。

关于预科英语课程研究。杨蕴慧（2010）[3]、许璐璐（2011）[4]认为少数民族预科英语课程目标不明确，英语实际应用性较差，学生学习基础较差，主动性不强。

关于预科数学课程研究。孙卫红（2015）[5]指出民族预科数学教育是初等数学教育的继续和深化，也是学生进入本科学习高等数学的承上启下阶段。数学是少数民族预科教育的主干课，要注重基础，加强能力培养。吴家琴（2014）[6]指出，要根据学生具体情况分层分类教学，做到"补""预"结合，促进初等数学到高等数学的衔接和过渡，为少数民族学生本科阶段的数学课程学习打下良好基础。杨社平（2013）[7]提供了民族预科数学课程改革的"广西模式"，即坚持"突出重点，加强基础，兼顾差异，全面提升"的原则，持续修订教学大纲、改革教材、优化教学内容，同时改革教法和学法，通过"情趣励合""习研演练"等方式创立了多元和谐的广西民族预科数学建导体系，成为我国民族预科教育"广西模式"的重要内

1 陈光友．新疆高校预科汉语精读教材分析研究[D]．新疆师范大学，2010.

2 于丽．维吾尔族高校预科生汉语韵律偏误分析[D]．新疆大学，2005.

3 杨蕴慧．高校预科班英语课程设置浅析[J]．吉林省教育学院学报，2010, 26(04): 130–131.

4 许璐璐．论高校民族预科英语教学过程的优化[J]．安徽文学（下半月），2011(12): 216.

5 孙卫红．普通高校少数民族预科数学教育的过渡与衔接[J]．中国民族教育，2015(06): 47–49.

6 吴家琴．预科数学教学中学生创新能力培养的实践与探索——以贵州民族大学预科教育学院为例[J]．民族教育研究，2014, 25(06): 97–101.

7 杨社平．民族预科数学课程的内容改革与方法创新——兼谈全国少数民族预科教育基地建设背景下的"广西模式"[J]．广西民族大学学报（自然科学版），2013, 19(03): 100–103.

容。张清良（2011）[1]则通过新疆、西藏少数民族预科生数学学习情况分析，提出数学教材质量、数学教学方式上还存在一定的问题，需要对教材、课程和教学方式进行大胆改革。

研究述评：目前关于民族预科教育的办学经验和办学现状调查已经有大量的研究，但是对预科教育成效或效果的研究尚比较缺乏。第一，对民族预科教育办学目标缺乏进一步的分析，也没有形成详细的指标体系。第二，对办学成效缺乏进一步的界定，对办学成效的调查也不够深入，对民族预科教育发展的热点和难点问题的回应的成果不多，直接为国家政策服务的成果不多。

四、研究框架与技术路线

（一）研究对象

本课题的研究对象为高校预科教育，具体而言是指预科教育的承担者，即预科教育的主体。高校预科教育是一个系统，包括教师、学生、教育内容和方法、教育的环境条件等。

（二）研究框架

本课题坚持以习近平新时代中国特色社会主义思想为理论指导，以马克思主义为方法论指导，坚持历史与逻辑的统一，以问题为导向，规范研究与实证研究相结合，质性研究与量化研究相结合，宏观研究与微观研究相结合，系统分析高校预科教育中的主要问题和影响因素。本课题围绕“民族预科是什么？”“民族预科教育质量怎么样？”“民族预科教育何以如此？”三个问题进行展开，在全面梳理我国民族预科教育政策历史的基础上，构建符合民族预科教育实际的教育评价指标体系，并将其运用于高校预科办学中进行实证调查和数据分析，归纳我国高校预科办学成绩及主要

1　张清良．新疆、西藏籍少数民族预科生数学学习情况调查分析——以湖南省普通高校少数民族预科教育基地吉首大学为例 [J]. 中国城市经济，2011(09): 202-203.

问题，同时立足于新时代我国民族预科教育政策实践和高校教育创新实践，从合法性和政策绩效两个角度，提出改革完善高校预科教育的政策建议。

主要内容具体包括以下四个方面：

第一，高校预科教育的办学历史及基本经验研究。通过采集整理我国民族预科教育的历史文献资料，包括对部分预科教育研究学者和相关教育工作部门领导的访谈，梳理我国高校预科教育的发展历史以及不同历史阶段政策演变历程，归纳我国高校预科教育办学成功的基本经验。

第二，高校预科教育的办学目标及办学质量评价指标构建研究。通过对改革开放以来我国高校预科教育的政策文本进行梳理，分析我国高校预科教育的办学定位。根据我国高校预科教育的办学定位，结合各办学主体的办学目标，采用 CIPP 模型和层次分析法，构建可量化的高校预科办学质量评价指标体系。

第三，高校预科教育的办学现状与突出问题研究。根据预科教育办学评价指标体系，采用面上调查、问卷调查和数理统计相结合的方式，对各办学主体的办学现状包括招生质量、师资队伍、课程建设、教学质量、经费投入、毕业升学、学生管理、制度保障等方面进行实证调查，分析其中的突出问题和特殊困难。

第四，提高高校预科教育办学成效的路径与策略研究。根据实证调研结果，结合政策研究和个案研究，从微观人才培养实践和宏观政策自身因素，提出提高高校预科办学成效的建议。

（三）研究假设

第一，民族预科教育是教育工作和民族工作的交叉点，有利于民族团结进步事业的发展，可促进民族地区教育发展和教育公平。

第二，从性质上看，民族预科是高等教育的特殊形式。高校是民族预科教育的主要承担者，也是实现少数民族学生“上大学”和“上好大学”的必经之路。

第三，教育质量是教育条件、目标、过程和结果的综合。教育质量指标体系需要目标、过程、条件和结果四个方面去建构。

第四，学生是办学的对象，也是教育的主体。学生满意与教育质量高度相关。民族预科教育质量需要从学生满意度的视角评估办学现状和问题。

第五，政策高度体现了教育工作的目标、价值和方向。实现预科教育的价值、目标和结果，需要对政策进行科学分析。

（四）研究方法

本研究拟采用规范研究与实证研究相结合的研究范式，以政策研究为起始，以调查研究为基础，结合历史研究，系统归纳我国高校预科教育的办学经验和办学成效。具体的研究方法有：

第一，文献研究法。采集整理我国民族预科教育的历史文献资料，包括对部分预科教育研究学者和相关教育工作部门领导的访谈，梳理我国高校预科教育的发展历史以及不同历史阶段政策演变历程及其阶段性特征。

第二，问卷调查法。依托教育部民族教育发展中心民族教育政策与法规重点研究基地，在国家民委、教育部民族教育发展中心指导下，选取高校少数民族预科教育基地、民族院校和地方高校，包括辽宁石油化工大学、中南民族大学、西南民族大学、郑州航空工业管理学院、广西民族大学等10个调查地点，以各调查点的教育管理者、教师和学生为调查对象，对高校预科教育的办学现状进行调查，结合面上调查的相关数据，归纳分析我国高校民族预科教育的主要成绩和问题。

第三，个案研究法。个案研究法是指对某一个体、某一群体或某一组织在较长时间内进行连续调查研究，观察其行为发展变化的全过程，从而深入解析其内在的活动运行规律。这种方法又称为案例研究法。本研究选取了Z、L、G三所院校作为个案对象，研究其人才培养、政策合法化和政策工具运用过程，从而深入了解我国高校预科的办学过程和成效。

（五）技术路线

本课题研究的技术路线如图1.1所示：

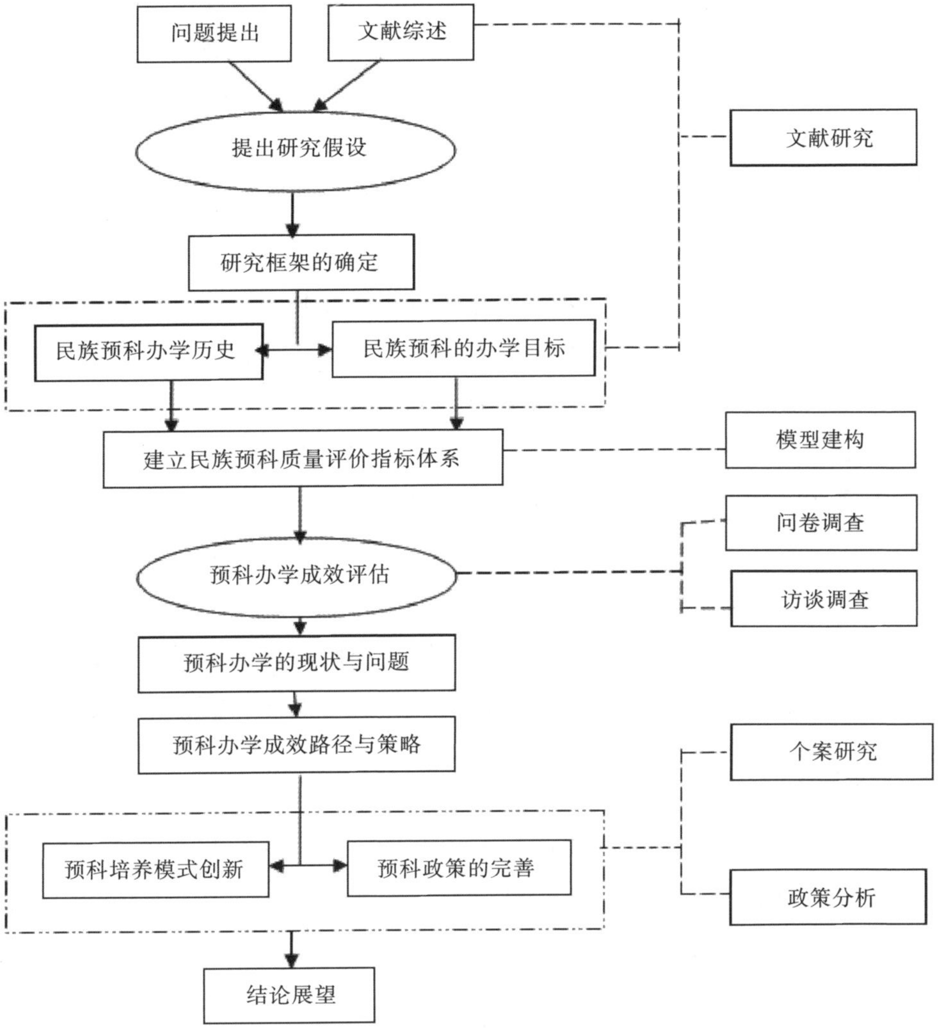

图 1.1　本课题研究的技术路线

五、核心概念

（一）民族预科教育

民族预科教育是从少数民族地区实际出发，为民族地区培养合格大学生而设立的高等教育特殊形式，是保证边远、贫困民族地区多出人才、快出人才、出好人才的特殊有效措施，在落实党的民族政策、促进各民族共同繁荣和发展等方面具有重要意义[1]。因此，这是党和国家民族政策与教育政策相结合的重要表现。

理解民族预科教育的内涵与外延，首先需要对民族预科教育的办学原则、目标、对象、形式和内容有一个清楚的认知。民族预科教育是在以平等取向为主导，在“各民族团结、稳定、和谐与共同繁荣”民族原则的引领下，为少数民族地区培养干部和优秀专业人才的教育，所招收的对象为已完成中等教育阶段的少数民族学生。从办学形式上看，通过降分录取的原则，实施一年的短期强化教育，少数民族学生考核合格后，便进入大学本专科学习。从教学内容看，既包含了为弥补少数民族学生薄弱基础的高中知识，又涵盖了大学专业知识。因此，民族预科教育兼具“补”“预”相结合的特征。

综上所述，民族预科教育实质上是通过补偿教育的方式使少数民族学生与非少数民族学生能够站在同一起跑线上以完成更高层次的学习。

（二）合法性

“合法性”首先是政治学中的一个基础概念，是证明政治权力合法性及人民承认执政权的过程。合法性的第一个要求是统治者的准许，第二个要求是需要涉及社会价值观念和社会认同，第三个要求是需求与法律的性质和功能有关[2]。

提到“合法性”，就要说到合法性概念的“开创者”——马克斯·韦伯。韦伯以合法性为标尺，将政治统治划分为三种类型：人格魅力型、传

1 宋太成，刘翠兰．少数民族预科教育培养模式研究与实践 [J]. 黑龙江民族丛刊，2005(01): 101.

2 （法）让－马克·夸克著；佟心平，王远飞译．合法性与政治 [M]. 北京：中央编译出版社，2002.05: 5–6.

统型和法理型统治[1]，将合法性阐释为一种广受民众“自愿认同和服从”的国家状态或政治统治。后来，哈贝马斯受到韦伯的影响，对合法性持以下观点：合法性意味着政治秩序是一种公认的价值，这种价值又强调了政治是有效的，统治秩序的稳定性也以来于自身在客观上被承认[2]。

我国现有的大部分学科起源于西方，用西方的理论和方法解释中国学术体系的问题也是能为人们所接受的，因此，我国的研究者大多采用了西方合法性理论对“合法性”概念的定义。合法性是社会秩序和权威被自觉接受和遵循的性质和状态[3]，也就是说，合法性是国家统治类型、社会规范、社会秩序的公正性、正当性和正义性。“合法性”常用来表示某一事物具有被承认、被接受的基础，这个基础是什么（如某条法律、法规或规范），则要看实际情况[4]。

本研究认为，民族预科教育政策是公共政策的从属概念，公共政策合法性内涵可以分为两个层次：第一，公共政策是客观的政策执行，符合一定的国家、政治、社会秩序的情境要求；第二，公共政策符合社会公众的一种主观心理感受，为社会公众接受、认可和承认。因此，公共政策的合法性是客观存在与主观认知的双重产物。教育政策合法性是指对符合社会规范、习惯、文化传统及主流意识形态教育政策的价值选择，是被大多数公众承认、认同和自觉遵守的原则和规范[5]。

（三）人才培养模式

人才培养模式是学校为学生构建的知识、能力、素质结构，以及实现

1 （德）马克斯·韦伯著；林荣远译. 经济与社会 [M]. 北京：商务印书馆，1997.12: 4-10.

2 （联邦德国）哈贝马斯著；张博树译. 交往与社会进化 [M]. 重庆：重庆出版社，1989.03: 184.

3 俞可平主编. 治理与善治 [M]. 北京：社会科学文献出版社，2000.09: 9.

4 苏力，葛云松，张宋文，高丙中著. 规制与发展——第三部门的法律环境 [M]. 杭州：浙江人民出版社，1999.10: 311-312.

5 王举. 教育公平：教育政策合法性的价值前提 [J]. 当代教育论坛，2015(01): 58-59.

这种结构的方式，它从根本上规定了人才特征并集中地体现了教育思想和教育观念。[1]

狭义的人才培养模式限定为教学活动范畴内，认为人才培养是由教学中一系列的活动来实现的，比如教学活动、教学管理以及教学环境等一系列因素的结合，并根据一定的理论和标准模型形成的教育本质反应[2]。广义的人才培养模式不仅仅具体局限于学校或课堂等某一特定场所、单纯指教学活动，而是涉及整个管理活动层面，是一个动态的过程，包含整个动态过程中的方方面面，旨在将其培养的过程及其相关的交互因素模式化和规范化[3]。董泽芳指出，人才培养模式是指为了实现具体的培养目标，培养主体在特定的教育保障以及教育理念下构建的理论模型与操作范式，这种有关人才培养过程的理论模型与操作范式由若干要素构成，具有系统性、目的性、中介性、开放性、多样性与可效仿性等特征[4]。

我们认为，人才培养模式应主要从中观角度出发，指被教育机构以及被教育工作者和受教育者所接受的并且按照动态过程的实践活动规范以及范式基准，以人才培养目标为导向，以人才培养内容为依托，以教育的方法为实践方式，是对学生进行培养的整个过程中的全部要素的总集，包括人才培养目标、课程设置、教学方法以及管理方面等要素。

（四）成效评价

“成效”（result、effect）在《现代汉语词典》中的意思是“功效；效果”，是由某种力量、做法或因素产生的结果。成效评价指运用科学的研究方法

1　中华人民共和国教育部．关于深化教学改革，培养适应21世纪需要的高质量人才的意见 [EB/OL]. (1998-04-10)[2018-03-26]. http: //www. moe. gov. cn/srcsite/A08/s7056/199804/t19980410_162625. html.

2　刘红梅，张晓松．21世纪初高教人才培养模式基本原则探析 [J]. 齐齐哈尔医学院学报，2002 (05): 589- 590.

3　李志义．谈高水平大学如何构建本科培养模式 [J]. 中国高等教育，2007 (Z3): 34-36.

4　董泽芳．高校人才培养模式的概念界定与要素解析 [J]. 大学教育科学，2012 (03): 30-36.

和技术，系统地评估某种力量、做法或因素产生的结果。一般而言，成效评价与绩效（performance）评价含义相近，多数学者认为二者没有明确的区别。但有学者从图书馆服务质量评价角度论述绩效评价与成效评价两大体系的形成与发展，认为绩效评价是关注投入、产出与效率的评价，而成效评价则是关注影响与效果的评价。

我们认为，只要是用科学的研究方法、技术对某个活动及其结果进行系统的评价，都是成效评价。因而，预科办学评价是关于预科办学质量的评价，在本研究中，预科办学成效评价是指对预科办学活动及其结果的科学系统的评价，包括对预科教育主办者、预科教育过程、预科教育对象等诸多要素的评价。

第二章　民族预科教育的发展历程及治理之道

第一节　民族预科教育的历史发展

少数民族预科教育是我国民族高等教育的鲜明特色之一[1]，也是从少数民族地区实际出发，为民族地区培养合格大学生而设立的高等教育特殊形式，是保证边远、贫困民族地区多出人才、快出人才、出好人才的特殊有效措施，在落实党的民族政策、促进各民族共同繁荣和发展等方面都具有重要意义[2]。

新中国成立 70 余年来，在党和国家的关心下，民族预科教育经过不断改革和发展，目前已经形成了包括招生、课程与教材、学生管理、教学

1　韦鹏飞 . 造就少数民族高级人才的金色桥梁—— 普通高等院校少数民族预科教育 60 年的回顾与展望 [J]. 中国民族教育 , 2009(10): 17–19.

2　宋太成 , 刘翠兰 . 少数民族预科教育培养模式研究与实践 [J]. 黑龙江民族丛刊 , 2005(01): 101–104.

保障、思想政治教育等在内的一系列规范化办学制度，形成了多形式、多层次的办学体系，构成了中国特色高等教育体系的重要一环。

新中国成立70余年来，民族预科教育在改革中前行，在发展中改革。根据民族预科教育政策在不同时期改革与发展的特征，我们将民族预科教育改革和发展的历程分为五个阶段。

一、民族预科教育的初步发展阶段

新中国成立至"文化大革命"前的17年，是中国社会发展的重要转型期，是中国民族高等教育的初步探索期，也是民族预科教育的初步发展期。民族预科肇始于1908年满蒙高等学堂，该学堂开了民族预科教育之先河[1]。但新中国民族预科教育的红色基因却来自革命根据地的"革命教育模式"，即中国共产党人自己探索出来的符合中国实际和中国共产党人教育理念的模式[2]。为培养少数民族人才，实现抗日民族统一战线，延安民族学院按照"革命教育模式"开办了民族普通班（预科班），这种注重生产劳动、灵活实用课程内容的新型大学预科形式，翻开了中国共产党少数民族预科教育的第一页，为新中国民族预科教育积累了丰富的经验。

为提高边疆少数民族文化水平，1950年11月，中央人民政府政务院发布《培养少数民族干部试行方案》和《筹办中央民族学院试行方案》，规定中央民族学院重点培养少数民族骨干，本科政治系培养各民族的革命骨干，学制两年，水平较低者先入预科半年或一年。1951年9月，第一次全国民族教育会议在北京召开。会议明确提出新中国少数民族教育的性质、任务和机构设置等。会议指出，"少数民族教育必须是新民主主义的内容，即民族的科学的大众的教育"，并确定少数民族教育的首要任务是培养少数民族干部。1951年10月，中央人民政府政务院发布《关于改革

1 冯建新，周道军．中国少数民族预科教育发展述评 [J]. 民族高等教育研究，2015, 3(5): 39–44.

2 张应强主编．精英与大众：中国高等教育60年 [M]. 杭州：浙江大学出版社，2009.09: 2.

学制的决定》，明确提出高等学校附设先修班或补习班，以利于少数民族学生入学。

各民族学院在成立之时，民族预科班是其重要的办学形式，它为尚不具备进入大学本科的少数民族学生进行补习，最终的目的是培养少数民族干部和少数民族人才。1953 年，中央民族学院预科部成立，我国少数民族预科教育正式列入建制。此后全国各民族学院如中央民族学院、西北民族学院等普遍开设少数民族干部“文化补习班”，并逐渐形成规模。1953 年，中央民族学院采用地方选送的方式招收首批预科生 265 人，包括 43 个民族。此后，各学院根据民族地区经济社会形势发展变化，将预科培养目标进行了调整，即除了为少数民族干部开办语言和文化补习班之外，还开办定向专业培养教育性质的专业班和培训班，如医预班、地质班、地理班、外语班、电机班、机械班等。如中央民族学院 1956 年设预科一部和预科二部，预科一部为中等教育层次，不仅包括汉语补习班、中学班，也包括医学预备班、地质班、地理班等定向培养和中等技术班，后者一般与有关单位合办实施中等教育层次的教育；预科二部属小学教育层次，按一年级到五年级开设班次，同时也开办文化班和初级技术班次。中南民族学院 1956 年开始举办高中班（同时也办初中甚至小学班），1963 年又开设高考补习班 [1]。

民族预科的教育对象是文化程度低的少数民族学生，他们大多处于初中文化程度以下。随着培养目标的转变，民族预科教育的招生选拔方式也发生了变化，即由最初的地方选送转变为选送与考试相结合。在办学层次上，民族预科班除了培养干部直接工作，还为民族学院在内的高校提供合格的本科生源，也为中等技术学校提供学生。

因而，尽管本阶段各校预科的层次、学制没有统一规制，但此时的民族预科教育的基本性质是文化补习和预备教育，其定位就是进行基础教育的文化补习，为不懂汉语的少数民族学生提供向更高层次教育过渡的阶梯。民族高校是此阶段民族预科的办学主体。民族预科是国家为消除民族间“事

1 中南民族大学校史编纂委员会编．中南民族大学校史 (1951—2011)[M]. 武汉：湖北人民出版社，2011.09: 413-420.

实上的不平等”而对少数民族实行的优惠政策的具体表现，深受少数民族和民族地区的欢迎，并成为此后民族院校一直沿用的办学模式[1]。

二、民族预科教育的停滞发展阶段

“文化大革命”时期，由于“左倾”错误扩大化，国家处于瘫痪状态，民族教育事业受到极大冲击和严重破坏，民族院校和其他招收民族预科生的高校也处于关门边缘。“文化大革命”的十年，教育领域是所谓“红卫兵运动”的发源地，人所共知的“重灾区”；而在高等教育领域，民族学院又是“重灾区”中的“重灾区”[2]。

1966 年至 1970 年，民族预科教育被迫中止。1970 年前后，由于“左倾”思想的影响，全国出现撤销高校的风潮，民族学院成为撤销的重点，广东、西藏、云南、西北、中南、青海、西南民族学院先后被撤销或停办。

三、民族预科教育的自主发展阶段

粉碎“四人帮”和“文化大革命”结束之后，我国高等教育进入了适应改革开放时代的精英化阶段。为了适应改革开放和现代化建设需要，特别是民族地区经济社会发展对高素质专门人才的需要，我国民族高等教育发展进入新的历史时期。在此情景下，党和政府提出恢复预科教育，并大力发展民族班和预科班。1980 年，国家民委和教育部在民族学院班训、预科工作会议中提出：“预科是少数民族学生进入重点大学学习不可缺少的阶段。民族预科教育的任务是要为学生直升大学本科学习专业知识打好必要的文化基础。”[3] 同年颁布的《关于加强民族教育的意见》结合少数民

1　唐纪南，张京泽著．中国民族院校发展史 [M]. 北京：中国社会科学出版社，2012: 39–46.

2　唐纪南，张京泽著．中国民族院校发展史 [M]. 北京：中国社会科学出版社，2012: 104.

3　敖俊梅．中国促进高等教育机会平等政策的回顾—— 基于 1950 年以来民族预科教育政策的研究 [J]. 黑龙江高教研究，2010(01): 5–8.

族地区现代化建设的背景，更为具体地指明了少数民族人才的培养目标，其中特别强调要重点培养少数民族中的各类科学技术人才[1]。1984年3月，教育部和国家民委在《关于加强领导和进一步办好少数民族班的意见》中提出："在预科班阶段，根据少数民族学生的特点，采取特殊措施，着重提高文化基础知识，加强基本技能的训练，为在高等院校本、专科进行专业学习打下良好基础。"[2]

一方面，恢复招生的各民族院校和民族高校逐渐开展民族预科教育。1979年8月，第五次全国民族学院院长会议提出，"民族学院要尽可能多地培养少数民族专业技术人才，又要大力培养少数民族的政治干部。"[3]另一方面，部分重点高校、艺术院校等其他普通高校也开始试办民族预科教育。1980年6月，教育部下发《关于1980年在部分全国重点高等学校试办少数民族班的通知》，决定在全国范围内先选择五所综合实力较好的高校试点举办民族班，这些高校分别是北京大学、清华大学、北京师范大学、大连工学院、陕西师范大学。除北京大学开设民族本科班外，其他高校都为预科班，主要补习高中课程，特别是数理化，并提高少数民族学生汉语听课的能力。这批试点高校分别从内蒙古、新疆、广西、云南、贵州、四川六个省共招收少数民族学生共150人[4]。这些学生须参加全国统一高考，录取时除北京大学仍按全国重点高校最低录取分数线录取外，其他重点高校预科班招生可在重点线以下适当降低录取分数线录取，降分总分以30分为限。1981年，文化部、教育部、国家民委又印发《关于加强民族艺术教育工作的意见》，提出民族地区和非民族地区艺术院校"可根据少

1 教育部、国家民委.关于加强民族教育工作的意见[EB/OL].(1980-10-09)[2004-6-29].http://www.neac.gov.cn/seac/xxgk/200406/1079486.shtml.

2 吴仕民主编.中国民族教育[M].北京:长城出版社,2000.04:460-461.

3 国家民族事务委员会教育司编.新时期民族教育工作手册[M].北京:中央民族学院出版社,1991:25-26.

4 中华人民共和国国家民族事务委员会.教育部关于1980年在部分全国重点高等学校试办少数民族班的通知[EB/OL].(1980-6-21)[2004-06-29].http://www.neac.gov.cn/seac/xxgk/200406/1079494.shtml.

数民族学生的情况，设置一年制预科班（或称预备班），然后再升入专科或本科”[1]。1983 年，卫生部、国家民委、教育部印发《关于全国重点高等医学院校培养少数民族高级医学人才的意见》，提出为少数民族地区卫生事业加速培养少数民族高级医学人才，采取特殊措施适当放宽少数民族学生入学条件，在民族学院开办医预班。自 1983 年起，中央、西北、西南、中南等四所民族学院，各办一个医预班，为北京医学院、北京中医学院、中山医学院、四川医学院、上海第一医学院培养预科学生。医预班主要补授高中文化课和汉语文课。[2]

在此阶段，我国高等教育处于精英化阶段，民族预科教育获得独立自主的发展地位，成为高等教育的特殊形式，并在适度建设上逐步规范化和体系化。第一，民族预科在高等教育中的自主地位和作用得到确认。1984 年，《关于加强领导和进一步办好高等院校少数民族班的意见》中提出，民族班分为预科、专科和本科，并确定了预科、专科和本科各阶段的培养任务。这是从国家层面以文件的形式对民族预科办学的独立身份进行确认，明确了将预科作为大专院校专业教育的预备教育性质，有利于对新中国成立至 20 世纪 70 年代各高校预科教育职能过于分化的现象进行统一规范[3]。从此，民族预科成为高等教育的特殊形式，并得以长期坚持和发展。第二，在总结历史经验的基础上，民族预科的培养目标、教育内容、管理体制等办学要素以国家权威部门规章形式确认下来，为民族预科规范办学提供了制度保障。此阶段的文件明确民族预科的职责为“主要补习高中课程”；其学制为“一至两年”（全国班学制一年，新疆班学制两年）；其招生录取方式是从参加全国统一高考的少数民族学生中录取，必要时可降分录取—— 1980 年规定的降分最大幅度为 30 分，1984 年调整至 80 分；在教学内容和教材编写上，强调着重提高文化基础知识，加强基本技能训

1 吴仕民主编 . 中国民族教育 [M]. 北京 : 长城出版社 , 2000.04: 460-461.

2 吴仕民主编 . 中国民族教育 [M]. 北京 : 长城出版社 , 2000.04: 504-506.

3 唐纪南 , 张京泽著 . 中国民族院校发展史 [M]. 北京 : 中国社会科学出版社 , 2012: 134.

练，并结合预科班学生特点和专业学习要求，由教育部组织编写教材；在教学评价考核上，采用考试的形式，只有政治表现良好、考试成绩合格的学生才能直接进入有关院校本专科学习；其所需经费按大学本科生标准划拨，奖助学金等学生待遇参照人民奖学金标准和办法进行；设专门机构，指定专人协调管理民族班、预科班的教育管理工作；强调加强学生思想政治工作，必要时由民族学生较多的省、自治区临时选派本民族教师或者干部协助做好学生的思想工作和生活管理；强调尊重少数民族的风俗习惯，对少数民族学生食宿方面提供方便，等等。

四、民族预科教育的多元发展阶段

1999 年，我国高等学校进行大幅度扩招，《中共中央、国务院关于深化教育改革，全面推进素质教育的决定》提出，“通过多种形式积极发展高等教育，到 2010 年，中国同龄人口的高等教育毛入学率要从现在的百分之九提高到百分之十五左右”。我国高等教育在不到 10 年的时间就进入大众化阶段，从扩招前 1998 年高等教育毛入学率的 9.8% 增加到 2002 年高等教育毛入学率的 15%。相比其他国家，我国高等教育大众化速度快、规模巨大，到 2007 年，全国高等教育总规模超过 2700 万人，高等教育毛入学率达到 23%，高等教育毛入学率年均增长 13.2 个百分点，我国成为世界上高等教育规模最大的国家，并进入高等教育大国行列。与全国大学生数量骤增形成对比的是，尽管少数民族学生的总数相应增加，但少数民族在校生所占比例反而出现下滑[1]。

为尽快完成扩招和高等教育大众化的历史重任，推进少数民族高等教育发展，中央和地方政府增加了预科生培养高校的数量和类别，越来越多不同层次、不同类型的高校举办少数民族预科教育，民族预科教育走上了发展改革的快车道。2000 年，教育部在《关于下达 2000 年普通高等学校

1　敖俊梅．中国促进高等教育机会平等政策的回顾—— 基于 1950 年以来民族预科教育政策的研究 [J]. 黑龙江高教研究，2010(01): 5–8.

少数民族预科班招生计划的通知》中提出要扩大少数民族预科生的数量，中央部委所属高等院校的民族预科班招生人数扩大到3000人左右，“办学重点是逐步提高办班的层次与质量”[1]。2002年，国务院颁布的《国务院关于深化改革加快发展民族教育的决定》中提出，扩大民族预科办学规模，并对民族预科教育招生规模下达进一步指示：“以上学年招生规模为基数，并按上学年全国普通高等学校本科招生平均增长比例，确定当年国家部委及东中部地区所属高等学校民族班和民族预科班的招生规模。”[2]1999年，教育部、国家民委拟定内地高校2001年至2005年间，每年为新疆培养1000名左右少数民族本专科生[3]。2003年10月，教育部、国家民委则确定内地高校2006年至2010年间，每年为新疆培养2000名少数民族本科生[4]。内地高校为支援新疆培养的少数学生要先读预科。

在此阶段，民族预科在以下方面做了改革探索：

第一，办学模式多元化。首先，探索了集中办学的教育模式。为扭转主体庞杂、结构松散、机构繁多、规模较小、效益低下的办学格局，在肯定广西民族预科教育集中办学模式创新和教育改革经验的基础上，教育部颁布《2003—2007年教育振兴行动计划》，首次提出“支持高等院校扩大定向招收少数民族学生和建设民族预科教育基地”，并从2000年起，鼓励和支持设立民族预科教育基地。2002年，我国出台了《国务院关于深化改革加快发展民族教育的决定》（国发〔2002〕14号），提出在规范预科生办学经费标准及招生办法的同时，加快建设民族预科教育基地，深化改革，不断提高少数民族预科教育质量。2005年教育部出台《普通高等学校少数民族预科班、民族班管理办法（试行）》（教民〔2005〕5号），决定从2005年起，全国高校本、专科预科阶段培养实行相对集中办学，

1 滕星．民族教育概念新析[J]. 民族研究，1998(02): 23-30.

2 国务院．国务院关于深化改革加快发展民族教育的决定[EB/OL]. (2002-07-07)[2015-12-08]. https: //www. gov. cn/gongbao/content/2002/content_61658. htm.

3 郑树山主编；《中国教育年鉴》编辑部编．中国教育年鉴2001[M]. 北京：人民教育出版社，2001.12: 232.

4 郑雪松．少数民族预科教育研究[D]. 中央民族大学，2011.

不集中办学的，取消有关省、自治区、直辖市所属高等学校举办招收少数民族预科班的资格。其次，2018年，为适应新时期民族预科教育办学的多元化需要和进一步提高民族预科教育的针对性，教育部提出重点高校自主办学，不再进行统一进行集中办学。

第二，课程模式的多元化，探索国家课程与校本课程相结合的课程模式。在探索校本课程的基础上，国家于20世纪末开始探索国家课程与校本课程相结合的课程模式。1999年，全国对主要科目使用统编教材。2005年教育部颁布的《普通高等学校少数民族预科班、民族班管理办法（试行）》明确规定“民族预科班实行统一教学计划、统一教材、统一教学标准”，“汉语文、数学、外语、计算机、马克思主义民族理论和思想政治等基础课程的教学计划、教学大纲由国务院教育行政部门统一制定，使用由国务院教育行政部门组织编写的民族预科班统编教材。其他课程教材由预科培养学校自行确定”。[1] 2010年颁布的《普通高等学校少数民族预科班、高层次骨干人才硕士研究生基础强化班管理办法》提出要统一教学计划、统一教材、统一教学标准，规定课程使用预科班统编教材，其他教材由预科培养学校自行确定。[2]

第三，建构预科教育质量保证体系，突出表现为建立健全会考结业制度和教学质量监测制度。2000年，教育部发布《关于下达2000年普通高等学校少数民族预科班招生计划的通知》，指出“预科结业考试由各预科办班学校组织”。2001年教育部《关于下达2001年全国普通高等学校民族预科招生来源计划的通知》（简称《通知》）提出，“预科结业考核和结业证由各预科培养学校组织和印发；合格者升入高校本（专）科学习，不合格者可保留一年预科学籍，考核仍不合格者退回原籍”。《通知》中

1　中华人民共和国教育部 . 教育部关于印发《普通高等学校少数民族预科班、民族班管理办法（试行）》的通知 [EB/OL].(2005-06-03)[2018-6-12]. http://www.moe.gov.cn/srcsite/A09/moe_751/200506/t20050603_77872.html.

2　中华人民共和国教育部 . 教育部关于印发《普通高等学校少数民族预科班、高层次骨干人才硕士研究生基础强化班管理办法》的通知 [EB/OL]. (2010-07-12)[2019-3-21]. http: //www. moe. gov. cn/srcsite/A09/moe_751/201007/t20100712_108628.html.

有关结业考试的规定是在 1984 年《关于加强领导和进一步办好高等院校少数民族班的意见》的基础上，确定高校自主组织预科结业考试的形式，明确考核合格者升入高校进行学习，同时针对考核不合格者提出了相应的管理办法。2015 年 8 月，国务院印发《关于加快发展民族教育的决定》（简称《决定》），指出要改革考试招生制度，探索实施高校民族预科阶段结业会考制度，不断提高培养质量。此次颁布的《决定》是对结业会考制度的一种规范，也是对少数民族预科教育制度的建构和完善，高校对于学生的培养拥有了更多的自主权。《教育部民族教育司 2017 年工作要点》则提出深化少数民族预科教育教学改革，组织开展会考和监测工作。2018 年 3 月，《教育部民族教育司 2018 年工作要点》指出，要进一步强化教育管理服务，科学规划内地民族班布局，制订进一步办好高校少数民族预科班的指导意见，继续组织开展会考和教学质量监测工作，促进会考制度的完善。

第二节　新中国成立以来民族预科教育改革与发展的伟大成就

新中国成立以来，在党的正确领导下，我国民族预科教育得到空前发展，取得了显著成就，培养了大批少数民族人才，取得了良好的社会效益，是党的民族政策的成功实践，促进了民族团结进步教育事业的发展，成为造就少数民族高级人才的“金色桥梁”。

一、民族预科是民族高等教育重要组成部分，为高校输送了大量合格人才

民族预科对少数民族地区和少数民族各类高级人才培养起了重要作

用，为探索民族高等教育理论与实践作出了重要贡献。新中国成立70年来，全国27个省、自治区、直辖市和有关部委直属的300多所普通高等院校，面向西部和民族地区招收民族预科班学生，年招收学生3万余人，累计培养54万余名各级各类少数民族人才[1]。特别是2002年进入高等教育大众化以来，我国少数民族预科教育招生规模不断扩大，如表2-1所示，截至2017年，我国近15年累计少数民族预科在校生人数为51.7万名，年招收3.45万余名来自全国55个少数民族的预科学生。新中国成立70年来，预科生人数增加了171.40倍（截至2017年的数据），近15年来预科生人数年增长率达到5.41%。2017年普通高校少数民族本专科学生人数为2753.59万人，占全国本专科生总人数的9.04%，而1950年全国仅有少数民族大学生1285人，仅占高等教育学生数量的0.93%[2]。近70年，普通高校少数民族大学生（本专科）人数增长了21428.7倍，占全国高等教育学生比重也提高了9.7倍。目前，民族地区的大批党政领导干部都是经过预科进入高等院校学习培养出来的。他们当中的绝大多数已经成为民族地区各个行业、各条战线的骨干力量，有的已成长为少数民族的代表人物或党和国家的领导人[3]。

1　2009年以前的预科生数据来源于教育部民族教育司原司长韦鹏飞的《造就少数民族高级人才的金色桥梁—— 普通高等院校少数民族预科教育60年的回顾与展望》（发表于《中国民族教育》2009年第10期）；2009年以后的预科生人数及普通本专科人数数据均源于中华人民共和国教育部2002年至2017年教育统计数据．

2　吴仕民主编．中国民族教育[M]．北京：长城出版社，2000.04: 887-888.

3　严玉明．21世纪少数民族预科教育的改革与发展[J]．中央民族大学学报（哲学社会科学版），2003(02): 33-38.

表 2-1　2003–2017 年全国普通高校本专科在校生与本专科预科在校生变化表

年度	普通高校少数民族本专科预科生在校人数 / 人	普通高校本专科生在校人数 / 万人	普通本专科在校生增长率 /%	民族预科在校生增长数率 /%
2017	45420	2753.59	2.14	1.98
2016	44537	2695.84	2.69	–11.01
2015	50048	2625.30	3.05	12.59
2014	44451	2547.70	3.23	4.56
2013	42514	2468.07	3.21	12.87
2012	37668	2391.32	3.59	16.71
2011	32274	2308.51	3.44	0.95
2010	31970	2231.79	4.06	4.31
2009	30649	2144.66	6.12	17.75
2008	26029	2021.02	7.22	–7.18
2007	28043	1884.90	8.40	–1.18
2006	28378	1738.84	11.34	19.93
2005	23663	1561.78	17.12	–21.00
2004	29954	1333.50	20.29	35.23
2003	22151	1108.56	22.72	–5.31
均值	34516.6	2121.03	7.91	5.41

二、形成了多层次、多类型和多形式的有中国特色的民族预科教育体系

新中国成立 70 年来，经过民族干部文化补习、不规范的高校预备教育和规范的高校预备教育等三个阶段，我国民族预科教育体系形成了多层次、多类型的有中国特色的民族教育体系。所谓多层次，即民族预科既有

高校专科、高校本科，也有高校研究生层次的预科。所谓多类型，即民族预科既有专为新疆、西藏地区定向招生、定向培养的新疆预科班、西藏预科班，也有重点高校招生的面向全国各少数民族的全国班。

民族预科教育体系的独特性还体现在形成了一系列从入口、过程到出口的内涵丰富的制度体系。以中央民族大学为例，中央民族大学预科部既有以汉语补习或数理化补习为主的新疆班，也有西藏的医预班，还有为本校招收的预科生，以及为清华大学、中国人民大学等 50 多所高校招收的全国班预科生。

三、探索了丰富多彩的民族预科培养模式

新中国成立 70 年以来，在长期的民族预科办学实践中，形成了多种形式、行之有效的预科教育培养模式。既有全国最早实行民族预科教育统一集中办学的广西模式，也有最早实行预科教育、采用分散办学“预本衔接”的内蒙古模式，还有以补为主、形式各异的新疆模式以及民族学院预科教育模式。

（一）广西模式

为了改变广西民族地区教育落后的状况，广西省党委和政府采取了在高校开办预科班的特殊有效措施。广西民族预科建于 1953 年，“文革”时期停办，1979 年恢复招生后，先后经历过 20 世纪 80 年代前分散办学、20 世纪 80 年代初期广西医科大学等 4 所高校委托广西民族大学集中培养、1986 年后的再分散培养，最终自治区政府于 1992 年作出“集中办大学民族预科班”的决定，实行全区民族预科集中于广西民族大学培养，2003 年自治区决定在广西民族大学建立“广西少数民族预科教育基地”，成为全国最早实现民族预科集中办学的典型，形成了“集中统一办学”的广西模式。[1]

1　林志杰．论中国少数民族预科教育的定位及途径——以广西少数民族预科教育基地建设为例 [J]. 广西民族大学学报 (哲学社会科学版). 2016, 38(01): 125-129.

该模式的特点有：首先，坚持民族性的原则，把保障农村贫困少数民族享有平等教育机会作为基本的价值取向。在招生上，坚持民族预科生都是境内少数民族子弟，并且符合43个老、少、边、山、穷县，少数民族和农业人口的考生。而且为了生源质量，采取适当降分，择优录取的办法。其次，坚持集中性的原则，走规模化集中办学的路子，以提高民族预科办学的效益。在管理上，坚持将所有的民族预科生全部集中到广西民族大学（原广西民族学院）统一教学和管理，一年后，德智体考核合格者可直升到区内各高校本专科学习。再次，“以预为主，牢固基础，增强能力”的培养原则。由于广西少数民族比较普遍使用汉语，汉语具有族际语言的属性，为了适应广西民族预科生和集中办学的特点，不再专门进行汉语强化训练，而是从实际出发按照“一主二副三兼顾”的原则，优化课程设置，即突出三大主干课（数学、语文和英语），加强对口专业课，兼顾综合能力课。最后，因材施教，加强教学改革。针对民族学生学情不同，分层分类进行教学实验和教学改革，对课程教材进行改革创新。设立预科教材基金，自编20册近300万字的民族预科教材。在全国统一英语、数学和语文三门主干课教材之后，又主动编写补充教材和辅助教材。广西模式取得了良好的办学效益和社会效益。

（二）内蒙古模式

内蒙古民族预科教育模式是在民族地区普通高校实行分散办学的民族预科教育。内蒙古民族预科最早兴办于1956年，内蒙古也是我国最早创办民族预科教育的地区之一。内蒙古学生整体素质较高，各高校学科专业特色鲜明，如内蒙古大学是唯一的“211”综合性大学，内蒙古师范大学则是最早建立的师范类高校，内蒙古财经大学是唯一的财经类高校，内蒙古工业大学以理工科专业见长，内蒙古农业大学以林业、畜牧专业著称，内蒙古民族大学是唯一国家民委所属高校，临床医学、动物医学等专业独具特色，呼和浩特民族学院的蒙古族学生占绝对多数。因此，各校一直采用分散办学、“1+4”方式进行办学，形成了各具特色的民族预科教育体系。总体而言，各校努力“打破文化基础教育为主的预备性教育模式，建立预科教育与本科教育相结合的培养模式，实现预科教育和本科教育的有效衔接”，按照“预本衔接”的原则，努力构建“预本一体化”的教育教学体系，同时不断强化“预本衔接”的教育评价体系[1]。如内蒙古大学建立了民族预科结业专业分流机制，以综合素质测评作为专业分流的主要依据；内蒙古财经大学研发民族预科生专业分流软件，提高工作效率；内蒙古师范大学则对预科生进行追踪调查和教育评价。内蒙古民族预科教育模式为民族预科办学水平的提高提供了另一个重要样板。

（三）新疆模式

新疆预科教育起始于20世纪50年代，有60多年的发展历史。首先，根据新疆地广人稀、校情差异巨大的特点，新疆高校采用“分散招生，学校与专业提前定向”的办学方式。新疆预科采用一年制预科和两年制预科并行的培养方式，且主要为高校自己培养本专科生源，各高校预科生的专业也都是入学前就已经定好了的。绝大多数高校实行为本校培养预科生的一年制教育模式，主要进行汉语教育，只有新疆财经学院汉教部实行两年制预科教育。

其次，“预补结合，以补为主”。根据新疆学生主要为“民考民”少数民族学生，文化基础较差，汉语的语言基础较差，新疆高校普遍采取以补充学习汉语言为主、其他文化基础课程为辅的方式。如从20世纪的80年代起，新疆预科基本就以汉语为主。1980年代基本就是《基础汉语》这门课。1990年代则增加了《口语》《听说》《写作》等课程。21世纪后则出现了HSK分级课程教学，如新疆师范大学为一年制预科开设了《初级汉语教程》《中级汉语》《中级汉语听和说》《汉语听力教程》《汉语阅读教程》《HSK指南》等课程；为两年制预科开设了《中级汉语》《中级汉语听和说》《中级汉语阅读》《汉文化概论》《高级汉语》《高级汉语口语》《高级报刊阅读》《古代汉语》《阅读与欣赏》《数学》《英语》

1　宝乐日，特木尔巴根．内蒙古民族预科教育综合改革探析 [J]. 内蒙古财经大学学报，2015, 13(03): 89–92.

《汉语书法》《汉语写作》等课程。

再次，分级教学、分流管理。针对三语并行的语言现实环境，新疆高校普遍采用以学习者为核心的教学方法，充分利用现代教育技术手段，加强实践教学改革，提高学生语言能力。同时，制定学生综合考核实施细则，如新疆大学将考核分为素质考核与课程考核，通过学分制，建立一个公平、公正、立体的评价体系，学生的学习积极性得到明显的提高。

最后，加强思想政治教育。例如新疆大学建立三位一体的思想政治管理模式，通过学校、学院、班级三个层级，加强五观、四个认同教育，建立学校、学院民族、宗教问题的宣讲制度，牢固树立爱国爱疆、民族团结的主人翁精神。

四、民族预科是党的民族政策的成功实践，取得了良好的社会效益

民族教育是教育工作和民族团结进步事业的交汇点。民族预科教育政策是中国促进高等教育机会平等政策中最具典型性的一项政策，它对教育发展相对滞后的少数民族实施优惠招生和补偿教育[1]。教育是最大的民生工程，也是关涉民族团结进步、国家统一、社会繁荣发展的大事。根据少数民族和少数民族地区的高等教育相对落后、人才相对稀缺的实际情况，党和政府将少数民族高等教育从前所未有的高度予以重视，采取特殊的政策措施，推动民族高等教育飞速发展，实现民族之间平等团结，维护祖国统一、国家稳定，产生了积极作用。在民族预科教育改革发展实践进程中，通过民族理论与政策的学习，各少数民族广大师生对“三个离不开”“五个认同”的思想认识不断加深，不断筑牢中华民族共同体意识，为加强民族团结和国家统一、促进中华民族伟大复兴贡献自己的力量。各族儿女在高校学习生活过程中，开阔了眼界，拓展了视野，夯实了知识，提高了能

1 敖俊梅．中国促进高等教育机会平等政策的回顾—— 基于 1950 年以来民族预科教育政策的研究 [J]. 黑龙江高教研究 , 2010(01): 5–8.

力，进一步增强了改革开放成果的获得感，增强生活的安全感和幸福感，平等团结互助和谐的社会主义民族关系得到不断巩固和发展。

总之，新中国成立以来，民族预科教育在发展中不断改革，在改革中促进发展。民族预科教育作为民族教育事业的亮丽名片，不仅成为高等教育的重要组成部分，也是民族工作的重要环节，对我国民族团结进步事业起了重要作用，被誉为“造就少数民族高级人才的‘金色桥梁’”。

第三章　高校预科教育质量评价指标体系建构

第一节　我国预科教育质量评价指标体系设计

一、引言

“质量”是一个学术术语，源于实业领域。鉴于研究主体、研究目的和研究侧重点等不同，对于教育质量的研究有“模糊质量观”“学术质量观”“教学质量观”“产品服务质量观”“特色质量观”和“综合质量观”等等。质量是指某一事物的内在规定性，反映事物（如工作）的优劣程度。高校是培养人才、生产“人才产品”的社会机构。因此，人才培养质量是衡量高校工作的关键指标。

《教育管理辞典》把教育水平定义为“一定社会条件下，各级各类教育的结构体系及其数量与质量的总和所体现的教育发展达到的程度”，预科教育质量是高等学校所培养的预科生在知识、能力和素质方面满足人和社会发展需要的程度，是预科教育所要达到的教育水平。教育质量适应社会发展的表征是高等学校所培养的人才质量达到社会的要求，满足经济社会发展需要。

二、我国预科教育质量评价指标体系设计依据

建立我国预科教育质量评价体系实际依据如下：

第一，目的性。指标的选取主要服务于评价的目的，也就是必须针对具体的评价目标，剔除不相关的目标。就高校教育质量而言，师生比率、经费支出、教学设备都能反映评价目的，因此选取为评价指标。

第二，全面性。评价指标体系要尽量从各个侧面评价高等教育质量，如果缺失某一方面，评价结果就会出现偏差。

第三，精简型。能够评价高等教育质量的指标实在太多，选取指标过多会导致出现重复情况。因此，应该在保证实现评价目的的情况下，建立精简完善的评价指标体系。

第四，精准性。评价指标应该能够通过一定的方法进行评测，若无法评测，则是没有意义的。

第五，客观性。评价指标体系应该具有客观性，这样才会使评价结果公平公正。

三、高校预科教育质量评价指标体系的价值取向

价值取向是价值哲学的重要范畴，它指的是一定主体基于自己的价值观在面对或处理各种矛盾、冲突、关系时所持的基本价值立场、价值态度以及所表现出来的基本价值倾向。价值取向具有实践品格，它的突出作用是决定、支配主体的价值选择，因而对主体自身、主体间关系、其他主体均有重大的影响。高校预科教育质量评价指标体系在构建过程中坚持合理的价值取向，是构建合理指标体系的基础。

（一）坚持教育性的价值取向

在当今大众化高等教育的背景下，高校预科教育的本质是教育性。因

此，在构建高校预科教育质量评价指标体系时，应坚持教育性的价值取向。从预科教育的功能看，衡量教育质量特别是人才培养质量的标准主要有三个方面的价值取向：一是内适性取向，即预科教育要遵循教育客观规律与少数民族学生身心发展规律，但又不能做规律的奴隶；二是外适性取向，即预科教育所培养的学生是预科教育的质量主体，知识和服务是预科教育质量的载体，它强调预科教育质量必须适应并满足国家，特别是民族地区和接收高校的需要；三是个适性取向，即预科教育通过各种活动对学生个性发展的促进、人格的完善、主体意识的提升是预科教育质量的另一重要表现。

（二）把握质量的政治标准

普通高校预科教育的政治质量标准，即各个高校尽管实施不同的质量标准，必须以预科教育一般的基本标准和政治方向为基础，要有一个质量标准的底线要求。这个质量标准体现在“教育目的和各级各类学校的培养目标”上，“前者规定受教育者的统一质量要求，亦是教育的根本要求；后者规定教育的具体质量要求，是衡量人才是否合格的质量规格”。

“统一质量要求”体现了预科教育的共性标准与本质要求，促进和满足了民族地区经济社会发展以及民族团结进步教育事业的需要。这是民族预科的出发点和落脚点，也是衡量所有预科教育质量的统一标准。“具体质量要求”则是预科教育质量共性标准的个体化体现。“统一质量要求”与“具体质量要求”是共性与个性的关系。预科教育质量标准如果离开了上述统一标准的这个基础，就有可能从根本上动摇预科教育质量的目标和方向。

（三）践行特色的质量之路

过去精英教育阶段过分强调教育质量标准的共性，甚至简单地以共性否定个性，由此造成了高校预科教育的单一、雷同。现如今，预科学生文化差异巨大，接收学校千差万别，过分强调任何一个方面，都将有损于质量标准体系的构建。质量标准应该是教育质量一般要求与特殊要求的结合，是教育质量共性标准与个性标准的统一。如何在坚持教育质量共性标准的前提下，突出教育质量的个性，走特色的教育质量标准，是当前我们预科教育质量评价改革急需解决的问题。另一方面，从增强预科高校的竞争优势来说，也应建立特色鲜明的符合社会需求的质量评价标准。

第二节　基于 CIPP 模型的预科教育质量评价指标选取

一、CIPP 模型

本文在 CIPP 模型基础上，依据评价指标体系构建原则，综合美、英、日等高等教育质量评价指标体系，构建一套适用于我国国情、以学生为本的高校预科教育质量评价体系，从高校预科教育质量的人才培养、社会服务以及经营管理等多方面进行评价研究。

所谓 CIPP 模式，是美国著名教育评价专家斯塔弗尔比姆（Stufflebeam,D.L.）于 20 世纪六七十年代提出的评估模型。CIPP 评估模型即背景评估（Context evaluation）、输入评估（Input evaluation）、过程评估（Process evaluation）和成果评估（Product evaluation）。

根据此模型，本文将高校预科教育质量分为投入和产出这两方面。投入主要包括人力、物力和财力，从师资力量、教学设备、经费支出、生活环境、实践训练和课程建设五个维度去评价；产出重点通过以学生为主体的“顾客满意度”进行评价。因此，我国高校预科教育质量评价依据从投入与产出两方面归集为师资力量、教学设备、生活环境、实践训练、课程建设、经费建设以及人才输出和社会贡献八个维度的评价准则，各维度评价准则通过具体指标进行分解评价，最终将这些指标综合在一起，确立我国高校预科教育质量评价指标体系的初步模型，如表 3-1 所示。

表 3-1 我国高校预科教育质量评价指标体系的初步模型

目标层	准则层	指标层
我国高校预科教育质量评价	师资力量 C1	师生比率、副高以上教师预科代课比例、少数民族教师占教职工比例
	教学设备 C2	教学科研仪器、实验室、图书馆藏书
	生活环境 C3	校舍环境、教学区面积、体育馆面积、校园网覆盖
	社会贡献 C4	教师学术期刊发表论文数、发明专利授权数、出版学术专著
	实践训练 C5	组织社会实践活动数量、实践对所学知识巩固程度、提供实习机会
	课程建设 C6	课堂教学质量、少数民族传统文化课程开设、选修课开设
	人才输出 C7	升学数量、人才学习能力和综合素质、人际交往能力、创新能力
	经费支持 C8	学生奖助学金、师均科研经费

二、评价指标权重的设置方法

指标体系的权重设置采用层次分析法进行。层次分析法（The analytic hierarchy process）简称 AHP，在 20 世纪 70 年代中期由美国运筹学家托马斯·塞蒂（T.L.Saaty）提出，它是一种定性和定量相结合的系统化、层次化的分析方法。层次分析法对问题所涉及的因素进行分类，然后构造一个各因素之间相互联结的层次结构模型，并将因素分为目标层、准则层和指标层。层次分析法最大的优点是提出了层次本身，它使决策者能够认真考虑和衡量指标的相对重要性。应用这种方法时，决策者将复杂问题分解为若干层次和若干因素，在各因素之间进行简单的比较和计算，就可以得出不同方案的权重，为最佳方案的选择提供依据。其用法是构造判断矩阵，求出其最大特征值及其所对应的特征向量 W，归一化后，即为某一层次指标对于上一层次某相关指标的相对重要性权值。

本文评价指标体系权重设置方法如下：

首先构造判断矩阵。判断矩阵表示本层所有因素针对上一层某一个因素的相对重要性之间的比较。判断矩阵元素 Aij 的标度方法见表 3-2：

表 3-2 标度释义

标度	含义
1	表示两个因素相比，具有同样重要性
3	表示两个因素相比，一个因素比另一个因素稍微重要
5	表示两个因素相比，一个因素比另一个因素明显重要
7	表示两个因素相比，一个因素比另一个因素强烈重要
9	表示两个因素相比，一个因素比另一个因素极端重要
2,4,6,8	上述两相邻判断的中值
倒数	因素 i 与 j 比较的判断 A_{ij}，则判断矩阵中因素 i 与 j 比较的判断 $A_{ji}=1/A_{ij}$

设要比较各准则 C_1，C_2，…，C_8 对目标 O 的重要性，$C_i/C_j>A_{ij}$,$A=(A_{ij})^{8*8}$，$A_{ij}>0$,$A_{ji}=1/A_{ij}$。

然后据此计算权重。按照准则层的各个指标分别构造判断矩阵并计算得出最大特征值及对应的特征向量 W，得到各个指标的权重值。但是在实际评价中，只能大致进行对 A 的判断，有较低概率会出现不一致的错误可能性，因此检验判断矩阵的一致性是十分必要的。我们选取的判断矩阵的阶数为 8，一致性指标则为 $CI=(\lambda_{max}-8)/7$，平均随机一致性指标 RI 查表得知 RI=1.41，根据一致性比值 CR=CI/RI 计算得出 CR 值。假如得到 CR<0.1，就可以确定判断矩阵满意的一致性成立，通过了检验，说明求得的权重是有效的。

为了对高校预科进行质量评价，通过在调查问卷平台上发放问卷、邀请社会群众评价、收集各项指标所获得分数、计算平均数，然后通过各项权重算取最后总的分数，并根据满意程度将指标的评价分为五个档次，5 代表非常满意，4 代表很满意，3 代表满意，2 代表一般，1 代表差。

第三节　预科教育质量评价指标体系构建

为验证预科教育质量评价指标体系的有效性，需要进一步对高校预科教育质量评价指标体系的指标权重进行构建。为此，我们选取了 Z 校进行试测，在此基础上确定不同指标层次的权重值。

一、试测对象情况

Z 校是一所民族院校，地处我国中部地区，创建于 1951 年，2002 年更名为现名，是民委院校。学校占地 1550 余亩，校舍面积 100 万余平方米，馆藏图书 697 余万册，拥有全国高校第一家民族学博物馆。校园内绿树成荫、花香四季，具有浓郁民族特色的现代建筑鳞次栉比，湖光山色与人文景观交相辉映，构成了教学、科研和生活的优美环境。

Z 校现有 56 个民族的全日制博士、硕士、本科、预科等各类学生 29000 余人，学校现有 4 个一级学科博士点，1 个博士后科研流动站，25 个学术型一级学科硕士点，20 个专业型硕士点，拥有涵盖 10 大学科门类的 82 个本科专业。化学、工程学、材料科学等 3 个学科进入全球 ESI 排名前 1%。2017 年，民族学在教育部学科评估中排名全国第 3。2018 年 1 月，学校入选湖北省“国内一流大学建设高校”，其中民族学、化学和药学 3 个学科入选“国内一流学科建设学科”。现有在编在岗教职工 2200 余人，各类专任教师 1400 余人，专任教师中具有博士学位的占 60%，引培了国家“杰青”、国家“优青”、国家“万人计划”领军人才等一批高层次人才。近五年学校获批国家级科研项目 301 项，其中重大、重点项目 36 项，获省部级以上奖励 122 项，发表 CSSCI 期刊论文 815 篇、发表 SCI 期刊论文 1976 篇、出版高水平学术专著 279 部，获批授权发明专利 498 项。一大批高质量调研成果得到中央领导同志批示和上级有关部门肯定。学校建成“武陵山减贫与发展 2011 协同创新中心” 等 39 个省部级科研机构（实验室、基地、中心）。学校在中国校友会大学排名全国 167 位，在自然指数中国内地高校排行榜排名 113 位，在全国高校创新人才培养暨学科竞赛排行榜排名86位。2012年，学校获批国家级教师教学发展示范中心，是非“985”“211”高校中唯一获批单位，也是委属高校中唯一获批单位。2016年，学校顺利完成本科教学审核评估，本科教育教学受到教育部专家的高度评价。2017年8月，学校获评“全国创新创业教育深化改革示范高校”；同年9月，学校人才培养成果入选“砥砺奋进的五年”大型成就展。建校71年来，学校累计培养了17万余名各民族干部和专业技术人才。学校与境外50余所大学建立了校际交流与合作关系，与重庆大学等数十家国内高校开展联合培养、互访互学等深度合作。学校于2008年建立委属高校第一所孔子学院，近年来，学校受孔子学院总部委派开展多场文艺巡演。学校多次被湖北省委评为“先进党委中心组”“先进基层党组织”“党建工作先进单位”，连续16年被评为湖北省最佳文明单位，连续多年获得教育部、湖北省高校校园文化建设优秀成果奖。

Z校预科教育学院是承担本校及委培高校少数民族预科班教育的独立教学单位。学院于1951年学校建校时成立，至今已有60多年的办学历史，曾为上海医科大学、中山医科大学、华东理工大学、华南理工大学、华中农业大学和中国地质大学等高校培养少数民族预科班学生。现有专兼职教职工17人，其中副教授以上职称的教师5人，具备博士学历6人。现已建立语文、数理、英语和政治四个教研室，教学设施完备。开设有大学语文、高等数学、英语、政治、计算机基础、中国历史文化、物理、化学等必修课及哲学、数学文化、数学史、解析几何、化学与生活、史记与文学、书法等选修课。

Z校预科只招收少数民族学生，学院现有学生400多人，涵盖来自全国各地的40个民族。预科学制一年，分为文科班和理科班。经过一年学习，考试成绩合格者升入本科学习。学习成绩优异、表现突出者，有机会获得奖学金及各种荣誉称号。

Z校预科教育学院发展可分为5个阶段，列举如下：

1. 萌芽雏形期（1951—1958年）。1951年起举办文化补习班和文化班，1955年改名为预备科，和其他班级平行建制，下设各教研组，并配备了党团工等基层组织，组织了专职的预科教师队伍，对民族干部进行小学和初中的教育。这一阶段，预科才有了正式的教育机构，但处于雏形期。

2．转型探索期（1958—1965年）。1957年预备科不再办初中班，只设置高中性质的预科教育。1960年进行了一年的预本教育一条龙的体制改革，撤销了预备科建制，将学员分到各系直接管理。1961年恢复预备科，并开设了高中班和基层干部训练班（简称基干班），这一模式一直到1965年。

3．停办撤销期（1966—1980年）。因“文化大革命”停办撤销。

4．恢复提高期（1981—2005年）。1980年，随着该校恢复重建，预科同时复办，正式命名为大学预科部，生源从全国高考统一招生中录取。从1983年开始接受其他高校预科生的委托培养，逐渐成为中南以至华东地区有影响力的大学预科教育机构。

5．改革发展期（2006年至今）。2006年4月17日，更名为预科教育学院，下设政治、语文、数理、英语四个教研室，党政工团组织健全，教师队伍逐渐扩大，教学质量不断提高，师资结构良好，科研成果丰硕，各项管理制度日益完善。

学院以提高人才培养质量为中心，注重发展学生综合素质和创新能力的培养；坚持以教学为中心，积极开展科研工作，以科研促进教学；重视民族预科教育研究，与时俱进，不断总结完善预科教育教学，形成了适应时代需求的办学特色。近年来，学院承担多项国家及省部级等各类教学科研项目，每年发表多篇有影响力的学术论文；学院教师获得过全国性教学观摩课评比一等奖，以及全国优秀教师和学校教学名师荣誉称号等。学院教职工爱岗敬业、关爱学生，各少数民族学生勤学向上、团结友爱，共同营造民族团结进步和谐的大家庭。

二、试测过程

我们以Z校为例，对该校预科教育进行评估，以确定该指标体系的权重值。我们于2017年10月在调查问卷平台问卷星上发放400份问卷，回收 385 份有效问卷，问卷有效回收率为 96.25%。尽管该问卷仅仅调查了该校的预科生，但是本次调查还是体现了“以学生为本”的教育质量评估理念。我们在设计一系列问题时，用 1—5 来评价其满意度，比如 5 代表非常满意，4 代表很满意，3 代表满意，2 代表一般，1 代表差。

我们需要先构建判断矩阵 A。在矩阵中，我们用 C1—C8 来代表准则层，所构建的判断矩阵见表 3-3。

表 3-3 判断矩阵的构建

A	C1	C2	C3	C4	C5	C6	C7	C8
C1	1	7	5	1/5	4	5	1/9	1
C2	1/7	1	1/4	1/7	2	1	1/8	1/2
C3	1/5	4	1	1/7	5	2	1/8	1/4
C4	5	7	7	1	9	9	1	9
C5	1/4	1/2	1/5	1/9	1	1/3	1/9	1/4
C6	1/5	1	1/2	1/9	3	1	1/7	9
C7	9	8	8	1	9	7	1	7
C8	1	2	4	1/9	4	1/9	1/7	1

经过计算，得到准则层各权重结果如下：

W=（0.0803,0.0432,0.0578,0.3687,0.0534,0.0358,0.4011, 0.0397）

通过一致性检验算法得出，由此可知判断矩阵具有一致性，检验通过，此时求得权重有效。

准则层内各个指标的权重经过层次分析法计算如下：

师资力量（C1）内目标判断矩阵 $B1=\begin{bmatrix} 1 & 1/5 & 4 \\ 5 & 1 & 1 \\ 1/4 & 1 & 1 \end{bmatrix}$，权重分配结果为（0.1628, 0.7348, 0.1024）；

教学设备（C2）内目标判断矩阵 B2= $\begin{bmatrix} 1 & 6 & 1 \\ 1/6 & 1 & 1/4 \\ 1 & 4 & 1 \end{bmatrix}$，权重分配结果为（0.5201, 0.2441, 0.2568）；

生活环境（C3）的内目标判断矩阵 B3= $\begin{bmatrix} 1 & 3 & 5 & 9 \\ 1/3 & 1 & 6 & 5 \\ 1/5 & 1/6 & 1 & 4 \\ 1/9 & 1/5 & 1/4 & 1 \end{bmatrix}$，权重分配结果为（0.3891, 0.3005, 0.2002, 0.1103）；

社会贡献（C4）内目标判断矩阵 B4= $\begin{bmatrix} 1 & 1 & 1 \\ 1 & 1 & 1 \\ 1 & 1 & 1 \end{bmatrix}$，权重分配结果为（0.3333, 0.3333, 0.3333）；

实践训练（C5）内目标判断矩阵 B5= $\begin{bmatrix} 1 & 1/5 & 1 \\ 5 & 1 & 6 \\ 1 & 1/6 & 1 \end{bmatrix}$，权重分配结果为（0.5703, 0.2283, 0.2014）；

课程建设（C6）内目标判断矩阵 B6= $\begin{bmatrix} 1 & 1/9 & 1/6 \\ 9 & 1 & 8 \\ 6 & 1/8 & 1 \end{bmatrix}$，得到权重分配结果为（0.3020, 0.4772, 0.2208）；

人才输出（C7）内目标判断矩阵 B7= $\begin{bmatrix} 1 & 6 & 5 & 1/5 \\ 1/6 & 1 & 6 & 1/7 \\ 5 & 1/6 & 1 & 1/9 \\ 5 & 7 & 9 & 1 \end{bmatrix}$，权重分配结果为（0.4137, 0.2329, 0.0836, 0.2708）；

经费支出（C8）内目标判断矩阵 B8= $\begin{bmatrix} 1 & 1 \\ 1 & 1 \end{bmatrix}$，权重分配结果为（0.5, 0.5）。

其次，经过对问卷结果数据的收集和整理，各指标权重值的建立见表 3–4。

表 3-4　各指标所占权重

准则层	指标层	权重
师资力量 C1	师生比率	0.1628
	副高以上教师预科代课比例	0.7348
	少数民族教师占教职工比例	0.1024
教学设备 C2	教学科研仪器	0.5201
	实验室	0.2441
	图书馆藏书	0.2568
生活环境 C3	校舍环境	0.3891
	教学区面积	0.3005
	体育馆面积	0.2002
	校园网覆盖	0.1103
社会贡献 C4	教师学术期刊发表论文数	0.3333
	发明专利授权数	0.3333
	出版的学术专著	0.3333
实践训练 C5	组织社会实践活动数量	0.5703
	实践对所学知识巩固程度	0.2283
	提供实习机会	0.2014
课程建设 C6	课堂教学质量	0.3020
	少数民族传统文化课程开设	0.4772
	选修课开设	0.2208
人才输出 C7	升学数量	0.4137
	人才学习能力和综合素质	0.2329
	人际交往能力	0.0836
	创新能力	0.2708
经费支持 C8	学生奖助学金	0.5
	师均科研经费	0.5

最后，需进行指标体系信效度检验。本文使用软件 SPSS18 对预科教育质量评价指标体系的信效度进行分析。

本文采用内部一致性信度法，所得到的 Cronbach’s Alpha 数值为 0.885，大于 0.8，可见该评价指标体系信度较为理想。

本研究采用因子分析法分析该评价指标体系的结构效度。对数据的相关性进行 KMO 和 Bartlett 球体检验，所得的 KMO 值为 0.617，显著性概率为 0.000，该评价指标体系结构效度较为平庸。（详情见表 3–5）

表 3–5 KMO 和 Bartlett 的检验结果

取样足够度的 Kaiser–Meyer–Olkin 度量		0.617
Bartlett 的球形度检验	近似卡方	208.911
	自由度	55
	显著性水平	0.000

三、指标体系的优越性

高校民族预科教育质量评价指标体系的建立，为评估民族预科教育质量提供了比较科学的依据。相比现有的会考制度而言，本评价指标体系具有以下优越性：

第一，紧贴实际。预科教育是高等教育的特殊形式。预科教育不仅是“为了大学”的教育，而且是“在大学”的教育。因此，预科教育必须紧贴高校办学实际，根据高等教育的性质和基本特征进行办学。与中学教育不同，高等教育的性质是培养更高阶段的教育，它是一种专业教育。这意味着高等教育以学科知识发展为中心，重视学生的专业知识和专业素养的培养，最终培养适应社会发展的专业人才。因此，预科教育质量评价必须适应高校办学实践，在专业培养上下功夫。不仅要从大学教育实际出发，评价高校的硬件指标，如经费支持、教学设施、生活环境，也需要从专业教育出发，评价高校的软件指标，如社会贡献、师资力量、课程建设、人才输出等。

第二，操作性强。该体系指标设计清楚明了，能真正反映高校预科办学情况，且统计数据和相关资料的获取较为容易。本指标体系层次简单，指标量适中，耗时少，资料获取方便，统计简单，适合民族预科管理部门进行绩效考核以及高校办学主体进行自我评估和过程管理。因此，这是一个比较合理的评价指标体系。

第四节　高校民族预科教育质量评价指标体系的应用举隅

一、Z 校预科教育质量结果

根据前面建构的预科教育质量评价指标体系，通过在 Z 校的试测，我们得到以下结果，见表 3-6。

表 3-6　Z 校民族预科教育质量

准则层	指标层	得分	
师资力量 C1	师生比率	2.78	2.56
	副高以上教师预科代课比例		3.05
	少数民族教师占教职工比例		3.01
教学设备 C2	教学科研仪器	4.01	4.06
	实验室		3.58
	图书馆藏书		4.58
生活环境 C3	校舍环境	3.78	2.56
	教学区面积		4.25
	体育馆面积		4.36
	校园网覆盖		3.89
社会贡献 C4	教师学术期刊发表论文数	2.01	3.05
	发明专利授权数		2.46
	出版的学术专著		2.31
实践训练 C5	组织社会实践活动数量	1.78	2.05
	实践对所学知识巩固程度		2.66
	提供实习机会		3.02

续表

准则层	指标层	得分	
课程建设 C6	课堂教学质量	3.71	3.26
	少数民族传统文化课程开设		3.84
	选修课开设		2.05
人才输出 C7	升学数量	2.07	3.26
	人才学习能力和综合素质		3.26
	人际交往能力		3.12
	创新能力		2.05
经费支持 C8	学生奖助学金	3.61	3.58
	师均科研经费		2.58
总计	Z 校预科满意程度	2.76	

二、讨论

依据指标所占权重和所得结果逐一对 Z 校预科教育质量进行分析。

第一，教师队伍需要加强。在师资力量方面，副高以上教师预科代课比例在三个指标中所占最重，说明它对教育质量影响比较重要。在调查结果中，Z 校学生对于该项也是满意的，但是师生比率项只获得了 2.56 的分数，说明 Z 校师生比率在学生心目中有点失衡。此项平均得分是 2.78，因此在这方面，Z 校需要引进老师，更好地提高预科教学质量。

第二，教学设备比较满意。在教学设备上，权重的比例基本平衡，调查平均得分也是最高的，达到 4.01，这说明 Z 校学生对于 Z 校教学设备，特别是图书馆藏书方面很满意的，Z 校在仪器设备上能够提高教学质量。

第三，校舍环境需要优化。在生活环境方面，权重在校舍面积和教学区面积上比重较大，说明一个好的大学这方面达到了令人满意的程度。在调查结果中可以得知，校舍环境满意度较低，仅有 2.56，可能是大家对于学校需要装空调、热水器等生活设施上要求强烈。因此高校要适应不同地区学生需要，不断优化校舍环境，以提升预科教育质量。

第四，需要加大宣传。社会贡献对于评估教学质量尤为重要，而在这一层，权重基本平均，但是评分不高，意味着不令人满意。因此，预科教育需要不断提升办学质量，教师需要不断提升学术实力，同时要加强学术交流和学术宣传，不断扩大预科的学术影响。

第五，亟待实践训练。在实践训练方面，组织社会实践活动数量的权重较大，这说明对于预科教育而言，组织适合学生需要的社会实践十分需要，有利于学生尽快适应校园生活、清除社会陌生感。与此同时，实践训练的得分较低，表示学生有很多不满。因此，在实践训练这方面，Z 校应该给学生提供更多的实践机会，加强校内和院内社团活动，不断培育学生的社会实践能力。

第六，要加强选修课。课程建设在 8 个一级指标中所占比重较重，这说明教学是预科的中心工作。少数民族传统文化课程开设的权重在课程建设中占得最重，这说明传统文化在不同民族之间的交流、交往、交融中发挥重要作用，对于促进学生健康成长十分有益。高校预科办学过程中要突出特色，不断加大民族传统文化校本课程的开设。这方面 Z 校在课程建设方面取得了令学生比较满意的效果，但是应该继续提高课堂质量，加大选修课的开设比例，并提高选修课教学质量，这对于学生适应大学专业教育有十分重要的作用。

第七，要加强创新能力培养。在人才输出方面，学生普遍认识到升学数量以及人才学习能力和综合素质的重要意义，其价值不言而喻。但是，从调查结果看，输出的人才数量和质量均没有得到普遍认可，特别是创新能力的缺陷显得尤为明显。因此，Z 校应该加大预科教育中对学生创新意识和创新能力的培养力度。

在经费支出这方面，比重是相等的，在总体的比重中也是处于重要的位置，在得分方面也是满意的程度。

从评价的总体结果来看，在 8 个一级指标中利用所收集的数据和权重算出最后总体分数是 2.76。经过分析，主要在于人才输出、社会贡献和实践训练等方面分数较低，而前两项所占权重比例较大，也就是说虽然教学设备比较完善、生活环境不错，但是在师资力量、社会贡献和人才输出等方面应该继续提高并加大投资力度，以进一步提高教育质量。

参考文献

[1] 李鹏程，周支香，蒋建军，等．基于模糊逻辑方法的研究生培养质量评价研究 [J]. 教育现代化，2016, 3(22):99–103.

[2] 段雄春，杨用华，曾宪群．普通高校成人教育质量评价指标体系及其构建研究 [J]. 继续教育研究，2010(01):38–40.

[3] 胡炳仙．素质测量法在大学生思想品德测评中的应用[J]. 江苏高教，2007 (02): 109–111.

[4] 胡炳仙，赵锐．民族院校本科教学质量实证研究—— 基于 N 校教师工作满意度的调查 [J]. 高等理科教育 .2014(01):53–60.

[5] 新世纪教学研究所，《中国高等教育教学质量发展报告》编委会．中国高等教育教学质量报告：2008[M]. 北京：高等教育出版社，2008.11.

[6] 陈强胜．新形势下民族院校人才培养质量观的“变”与“不变”[J]. 民族大家庭，2007 (04): 50–52.

[7] 唐纪南，张京泽，王丽萍．民族院校人才培养模式的改革与创新 [J]. 西南民族大学学报（人文社科版），2005 (11): 357–359 .

[8] 唐纪南，张京泽，王丽萍．从知识教育转向能力培养—— 关于民族院校人才培养工作改革的思考 [J]. 西北民族大学学报（哲学社会科学版），2006 (03)：48–51+101.

[9] 唐纪南，张京泽，王丽萍．由传承教育转向创造教育—— 关于民族院校人才培养工作改革的思考 [J]. 中央民族大学学报，2005 (06)：118–121.

第四章　高校预科教育质量的现状及影响因素——基于满意度的调查

第一节　引论

一、问题的提出

民族预科作为我国民族高等教育的重要组成部分，是我国政府为保证少数民族学生顺利完成高等教育而出台的一项保证教育机会公平的法律政策。《国家中长期教育改革和发展纲要（2010—2020年）》中指出“进一步搞好高校民族预科班。加大对人口较少民族教育事业的扶持力度”。《国务院关于加快发展民族教育的决定》（国发〔2015〕46号）指出：“适度扩大高校民族班、预科班招生规模以及东中部高校招收内地西藏新疆班高中毕业生规模。”“完善高校民族班、民族预科班招生办法，探索实施高校民族预科阶段结业会考制度，不断提高培养质量。”新中国成立70年来，我国民族预科教育取得了很大成绩，积累了许多办学经验和做法。然而，社会对民族预科存在许多争议，例如，民族预科是否需要降分录取？

是否需要集中办学？是否需要进行统一会考？……归根结底，人们对民族预科的教育质量有所质疑。那么，新中国成立70年，我国民族预科教育质量到底如何？因此，需要对民族预科教育质量进行回应。

衡量教育质量有很多视角，目前而言大致有三种，第一种从客观资源投入的角度，如师生比、经费投入、实验台套数等；第二种从产出角度，如世界三大大学排名，要么着眼于科研产出（如上海交通大学的世界一流大学学术排名）、要么着眼于校友的社会影响（如网大的大学排行、泰晤士高等教育排名）；第三种从学生角度，如教育满意度调查、学习投入度调查等。教育满意度是指教育主体对教育工作所持有的情感反映，是衡量教育组织绩效的重要心理指标，也是影响教育教学质量的关键因素。学生是影响高等教育质量的主要因素，也是高等教育的主体。从学生角度对预科教育质量进行衡量，抓住了人才培养的关键。学校管理者只有了解了学生也就是教育消费者的教育满意度状况，才能抓住影响民族预科教育的关键因素，才能找到民族预科教育的痛点和难点，进而采取有针对性的措施，解决相关问题，提高民族预科的教育质量，促进民族预科教育教学改革。

教育满意度调查一般采取两种方法。一种是单一整体评估法，即只要求被调查者回答对学校教育工作的总体感受，如“就各方面而言，满意自己的学校教育工作”。这种方法简单明了，包容性广，但是无法知道学校教育的具体问题，不利于教育教学工作的改进。另一种是工作要素总和评级法，即在教育质量评价指标体系的基础上，对多种要素进行评价，以确定学校教育各种要素的具体满意度。[1]虽然这种评价方式在操作上比单一整体评价复杂，但是它能获得更加精准的评价和诊断结果，最终可以根据存在的问题，制定相应的对策，提高学生的满意度。

1 胡炳仙、赵锐．民族院校本科教学质量实证研究——基于N校教师工作满意度的调查[J]. 高等理科教育，2014(01): 53–60.

二、研究模型

基于上述研究结论，我们构建了多元回归（OLS）模型。

模型一：不同因素对预科生关于所在预料学校总体满意度的影响的多元回归方程 $Y_1=\beta_0+\sum_{i=1}^{n}\beta_i X_i+\varepsilon_i$

其中，Y_1 是因变量，表示预科生对预科学校的总体满意度；β_0 是常数项；β_i 是回归系数；ε_i 表示随机干扰项。X_i 是自变量，由年龄、性别、入学成绩、预科教育认识（教育价值、教育目标、教育特色、外部联系等）、预科教育具体内容的重要程度（师资、课程、教学设备、实践训练、生活环境、经费支持、人才输出、社会贡献等）等组成。

模型二：不同因素对预科生关于预科教育总体满意度的影响的多元回归方程 $Y_2=\beta_0+\sum_{i=1}^{n}\beta_i X_i+\varepsilon_i$

其中，Y_2 是因变量，表示预科生对预科教育的总体满意度；β_0 是常数项；β_i 是回归系数；ε_i 表示随机干扰项。X_i 是自变量，由年龄、性别、入学成绩、预科教育认识（教育价值、教育目标、教育特色、外部联系等）、预科教育具体内容的重要程度（师资、课程、教学设备、实践训练、生活环境、经费支持、人才输出、社会贡献等）等组成。

第二节　研究方法

一、问卷设计

（一）确定调查目的

本次调查不同于教育行政部门及各种中介机构的评估，而是在前面所述的预科教育质量评价指标体系基础上，建构关于民族预科教育质量的发展性评价，目的在于通过自我评价，确定影响民族预科办学的主要因素，推动民族预科的教育教学改革发展。

（二）选择并界定有效的教育指标

根据前面章节所述的教育评价指标体系，将调查问题分为“师资力量”“教学设备”“生活环境”“实践训练”“课程建设”“经费支持”“人才输出”“社会贡献”8个方面。

（三）撰写问题及答案

问卷包括自变量6个，因变量22个，包含16道大题和3道开放性问题。具体分布见表4–1。

表4–1 变量分布表

师资力量	教学设备	生活环境	实践训练	课程建设	经费支持	人才输出	社会贡献
T5.1 T5.2 T5.3 T5.11	T5.7 T5.8	T5.6	T5.9	T5.4 T5.5 T6 T7 T9 T10 T11 T12	T5.10	T5.12 T14 T15	T16

二、调查对象选取

为了确保调查对象的广泛性和典型性，分别在东部、中部和西部地区各选一所高校，三所高校分别为理工科院校、综合高校和民族院校，分别代表了不同地区、不同类型的高校预科。

（一）L大学民族教育学院概况

L大学地处我国东部地区，是一所典型的理工类高校。该校是新中国第一所石油工业学校，1950年创建，2002年经教育部批准更名为现名。该校是教育部确定的少数民族高层次人才基础培训基地、少数民族本科预科生培养基地，也是该省石油化工紧缺本科人才培养基地，建校69年，已培养12万多名毕业生，其中大部分已经成为国家石油石化行业的管理及技术骨干。学校占地面积1890亩，总建筑面积53.2万平方米，纸质、电子藏书总量293.43万册，电子文献数据库42个，各类运动场所面积9.27万余平方米，教学科研设备总值近2.68亿元。学校设有1个学部和16个学院，现有本科专业51个，全日制在校学生18400人。学校拥有2个联合培养博士点，14个一级学科硕士点，62个二级学科硕士点以及6个硕士专业学位授权类别。学校入选省一流学科（A类）建设高校。该校现有教职工1528人，专任教师960人。专任教师中，具有博士学位教师407人，高级职称教师427人。学校引进领军人才1人、双聘院士2人、长江学者2人、省攀登学者1人。现有国务院政府特殊津贴获得者20人，省特聘教授4人，省百千万人才工程百人层次9人、千人层次24人，省教学名师14人、优秀人才6人、优秀科技人才支持计划26人、杰出青年学者成长计划18人，省级高校创新团队3个。该校民族教育学院成立于2010年，成立至今共培训各类少数民族学生6555人，其中骨干计划研究生3533人，本、预科学生3022人。学生来源于26个省、市、自治区，48个民族，60个目标学校。2010年被确定为专门为新疆培养少数民族本科预科生的高校之一。2011年又被确定为专门为新疆培养少数民族专科预科生的高校之一。到目前为新疆各地培养了3000余名学生。

（二）H校预科教学部概况

H校地处中部地区中国历史文化名城，是当地唯一一所具有鲜明航空特色的综合类院校。学校始建于1949年，1984年改为现名。2017年，入选国家中西部高校基础能力建设工程规划高校，同年成为省部共建高校。学校占地1900余亩，建筑面积99万平方米，实验场所面积7.5万平方米。固定资产总值11亿多元，教学科研仪器设备总值2.38亿元，图书馆藏书

233万册，中外文期刊1166种，各类专业数据库48个，体育活动场地面积8万余平方米。学校有管、工、经、法、文、理、艺七大学科门类。现有6个一级硕士学位授权点，4个专业硕士学位授权点。3个省重点一级学科，4个省重点二级学科，1个省优势特色学科群。现有62个本科专业，其中包括国家特色专业3个、省特色专业12个、省专业综合改革试点9个。学校面向全国28个省（市、区）招生，现有全日制本科生、研究生、留学生28000余人。学校现有教职工1822人，其中教授、副教授527人，具有博士学位的教师459人。拥有教育部教学指导委员会委员、教育部新世纪优秀人才、享受国务院特殊津贴专家14人，全国优秀教师、全国模范教师、全国师德先进7人。该校自2002年开展预科教育，2003年成立预科教学部，专门负责预科生的管理工作。目前预科教学部设在国际教育学院。根据2005年教育部关于“民族预科教育实行集中和规模化办学，统一管理”的要求，该省教育厅决定，该省8所院校录取的预科生，其预科学习阶段在Z校预科培养基地培养。近年来，H校认真执行国家关于预科生培养的各项规定，不断探索预科教育的模式和方法，建立和完善各项规章制度，取得了一定的成绩，截至2016年，已培养预科生8900余人。

（三）G校预科教育学院概况

G校地处西部地区，是新中国最早创建的民族院校之一，现有两个校区，占地面积共2825亩，校舍面积共73万平方米。学校有纸质图书214万册、电子图书115万册、数字资源33TB、电子期刊1.6万种。现有教职工1571人，其中高级职称人员743人，博士生、硕士生指导教师431人。其中，有国家“万人计划”领军人才、“百千万人才工程”国家级人选、国家有突出贡献中青年专家、中宣部文化名家暨“四个一批”人才、中国工艺美术大师、享受国务院特殊津贴专家、教育部新世纪优秀科技人才等近百人。学校设有84个本科专业，10个一级学科学术型硕士学位授权点，9个专业硕士学位授权类别，1个服务国家特殊需求博士项目，有4个国家级特色专业，3个国家级专业综合改革试点，1门国家级精品视频公开课。

现有2个国家民委重点学科，3个国家民委人文社科研究基地；有3个区域一流学科，12个省级重点学科，3个区域一流专业，8个省级特色专业，7个省级专业综合改革试点，3个区域一流课程群；有2个省级重点实验室，4个省级实验教学示范中心，2个2011省级“协同创新中心”，3个省高校人文社科研究基地，4个省级研究生教育创新基地，2个省级人才培养基地。现有全日制在校生20722人，另有合作办学独立学院本科生11013人。自建校以来，为社会输送10万余各级各类人才。

G校预科教育创办于1954年，1959年停办，1984年又恢复招生，1988年将“预科”更名为“预科部”。2003年12月成立预科教育学院。2006年5月成立“G省普通高等学校少数民族预科教育基地”。2008年预科教育学院和北京某大学民族教育学院合作成立“全国民族预科教育基地西南少数民族预科教育研究中心”。从2001年开始，学院面向广西、湖南、湖北、河南、甘肃、云南、内蒙古、福建、安徽等省（自治区）招收少数民族预科生。从恢复招生到现在，G校预科教育学院为本专科培养输送了近万名合格学生。预科教育学院现有教职员工28人，其中教授3人、副教授12人、讲师（中级职称）5人、教辅行政人员8人。学院现有学生1000余人，分为20个教学班，主要由学院专职任课教师及行政管理人员担任班主任和政治辅导员。学院设有语文教学部、英语教学部、理科教学部、计算机实验室、党政办公室、学生科、教务科、分团委、中专教育管理科等教育教学管理机构。

为了调查学生对预科教育的满意度，2017年12月至2018年6月，我们在L、Z、G三校，采用整群分层随机抽样的方式，发放问卷770份，回收有效问卷768份，有效回收率为99.74%。

具体样本情况如下：

第一，性别情况，见表4-2。

表 4–2 样本性别情况 单位：人

性别	L	H	G	总计
男	134	126	58	318
女	170	125	155	450
总计	304	251	214	769

三所高校中，有效样本为 768 人，其中男生 318 人，占 41.41%，女生 450 人，占 58.59%。各高校男女比例不一，其中 G 大学女生比重最大，为 72.43%，H 校的男生比重最大，为 50.20%。

第二，年龄情况，见表 4–3。

表 4–3 样本年龄情况 单位：岁

年龄	L	H	G	总计
平均值	19.31	18.78	19.52	19.19
极小值	18	16	18	16
极大值	22	21	23	23

表 4–3 显示，三所高校中，有效样本 768 人，三所高校学生平均年龄 19.19 岁，学生最大年龄为 23 岁，最小年龄 16 岁。其中 G 大学平均年龄 19.52 岁，H 校平均年龄 18.78 岁。

第三，民族成分，见表 4–4。

表 4–4 显示，三所高校中，有效样本 768 人，共包含 22 个少数民族，另有 1 个尚未得到国家承认的少数民族（穿青人）。其中少数民族学生人数由大到小排列，前四位分别为回族（224 人，占 29.16%），维吾尔族（138 人，占 17.95%），苗族（64 人，占 8.33%），蒙古族（63 人，占 8.19%）；

末四位分别为乌孜别克族、柯尔克孜族、畲族、朝鲜族，各为 1 人，各占 0.13%。

表 4–4 样本民族成分情况

民族	L	H	G	总计	
				总人数 / 人	总占比 /%
侗族	1	0	32	33	4.29
苗族	0	3	61	64	8.33
仡佬族	0	1	17	18	2.34
彝族	0	0	10	10	1.30
水族	0	0	13	13	1.69
布依族	0	0	25	25	3.25
土家族	1	1	27	29	3.78
满族	43	15	0	58	7.55
维吾尔族	138	0	0	138	17.97
哈萨克族	53	0	0	53	6.90
乌孜别克族	1	0	0	1	0.13
锡伯族	6	1	0	7	0.91
柯尔克孜族	1	0	0	1	0.13
回族	9	209	6	224	29.16
瑶族	1	0	1	2	0.26
蒙古族	43	19	1	63	8.19
白族	1	0	8	9	1.17
黎族	0	0	5	5	0.65
穿青人	0	0	8	8	1.04
俄罗斯族	2	1	0	3	0.39
畲族	1	0	0	1	0.13
朝鲜族	1	0	0	1	0.13
达斡尔族	2	0	0	2	0.26
总计	304	251	214	768	100.00

第四，民族学生母语情况，见表 4–5。

表 4–5 样本母语情况

语言	L	H	G	总计	
				总人数 / 人	总占比 /%
侗语	0	0	13	13	1.69
苗语	0	0	24	24	3.12
仡佬语	0	0	1	1	0.13
彝语	0	0	2	2	0.26
水语	0	0	6	6	0.78
布依语	0	0	5	5	0.65
土家语	0	0	1	1	0.13
满语	3	1	0	4	0.52
维吾尔语	138	0	0	138	17.97
哈萨克语	52	0	0	52	6.77
乌孜别克语	1	0	0	1	0.13
锡伯语	5	0	0	5	0.65
柯尔克孜语	1	0	0	1	0.13
汉语	102	250	151	503	65.49
遗漏数据	2	0	4	6	0.78
总计	304	251	214	768	100

表 4–5 显示，三所高校中，学生所使用的母语共有 14 种，按使用人数从多到少排列，前三位的分别是汉语（503 人，占 65.49%），维吾尔语（138 人，占 17.97%），哈萨克语（52 人，占 6.77%）。随着各民族之间的交流交融进一步加剧，汉语已经成为国家通用语言文字。部分少数民族学生没有民族语言或已不再使用民族语言，如回族、黎族、朝鲜族、俄罗斯族等。

第五，学习汉语文年限情况，见表 4–6。

表 4–6 样本学习汉语文年限情况

学习年限 / 年		L	H	G	总计	
					总人数 / 人	总占比 /%
有效数据	1	20	2	3	25	3.25
	2	1	0	1	2	0.26
	3	2	0	0	2	0.26
	4	4	0	0	4	0.52
	6	10	0	0	10	1.30
	7	1	2	0	3	0.39
	9	7	1	0	8	1.04
	10	5	0	7	12	1.56
	11	0	1	13	14	1.82
	12	92	23	33	148	19.27
	13	69	15	66	150	19.53
	14	12	9	26	47	6.12
	15	12	16	18	46	5.99
	16	6	8	2	16	2.08
	17	1	11	2	14	1.82
	18	9	48	6	63	8.20
	19	21	65	7	93	12.11
	20	9	9	5	23	2.99
	21	3	1	0	4	0.52
	22	2	0	0	2	0.26
遗漏数据		18	40	24	82	10.68
总计		304	251	213	769	100.00
平均值		11.63	13.90	11.74	12.40	

表 4–6 显示，三所高校的学习汉语文的平均年限为 12.40 年，也就是说绝大部分学生从小学一年级开始就接受了汉语文的学习。学习汉语文年限在 12 年以上的学生有 606 人，占 78.90%。另外，接受汉语文学习在 6 年及以下时间的学生为 43 人，占 5.60%，这部分学生由于多种原因在小学阶段未接受国家通用语言文字的学习，进而影响其进一步学习和发展。

从上述结果看，样本的分布与我国预科生招生总体情况相符，与我国“大杂居、小聚居”的民族分布特点大体相似。

三、数据处理

本次调查我们使用Stata工具软件对问卷数据进行定量统计分析，包括描述性统计和回归分析。问卷变量设计包含了定类与定序两类变量，定序变量以5分变量为主。为了便于统计，我们对定序变量进行了赋值，按从低到高顺序分别赋予1—5分。

第三节 研究结果

一、现状描述

（一）预科学校和预科教育的总体满意度

表4–7 对预科学校和预科教育的总体满意度

学校	对预科学校总体满意度			对攻读民族预科总体满意度		
	频次	平均数	标准差	频次	平均数	标准差
L	304	4.73	0.815	304	3.02	0.998
H	251	4.85	0.794	251	4.88	0.813
G	213	4.87	0.712	213	4.95	0.774
总计	768	4.81	0.782	768	4.95	0.882

表4–7表明，总体而言，预科学生对预科学校和攻读预科的总体满意度较高。在对预科学校总体满意度方面，三校的平均值为4.81，满意程度介于“很满意”与“满意”之间。对攻读民族预科总体满意度为4.95，满意程度也是介于“很满意”与“满意”之间。这都说明无论从学校还是预科教育本身，预科生对预科教育的教育质量是满意的，说明预科教育的办学质量得到了预科生的认可。

（二）高考成绩与预科录取分数差异

从表 4-8 和图 4.1 可以看出，预科生高考成绩普遍高于预科录取分数线，高于预科录取线 10 分以上有 491 人，占 63.8%，高于 20 分以上者占 41.6%，高于 40 分以上者占 16.6%。根据国家有关预科招生政策，预科招生实行降分录取政策，可比同一高考分数线最高降 80 分。这说明，预科生的生源质量已经得到较大改善。

表 4-8　高考成绩高于预科录取分数线多少分

选项		人数 / 人	百分比 /%	有效百分比 /%	累积百分比 /%
缺失		71	9.2	9.2	9.2
有效	10 分以内	208	27.0	27.0	36.2
	10—20 分	171	22.2	22.2	58.4
	21—30 分	126	16.4	16.4	74.8
	31—40 分	66	8.6	8.6	83.4
	40 分以上	128	16.6	16.6	100.0
总计		770	100.0	100.0	

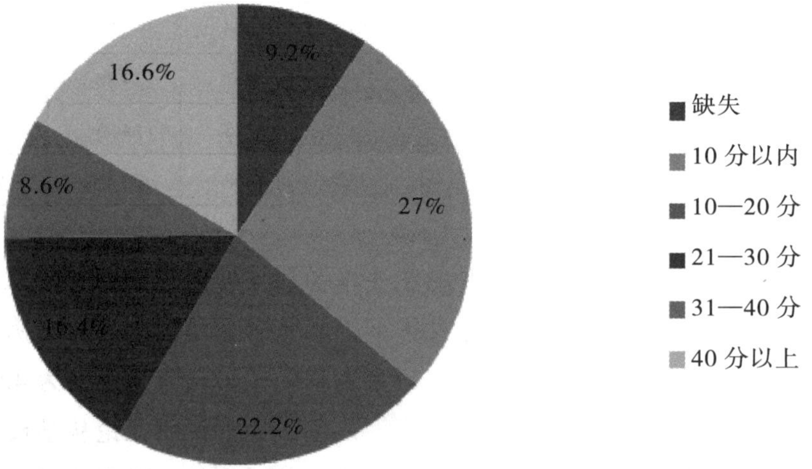

图 4.1　高考成绩高于预科录取分数线多少分

（三）预科生对预科教育的认识

表 4-9 预科生对预科教育的认识

变量	频数	平均数	方差	最小值	最大值
大学预科教育重要且必要	768	3.892	1.077	1	5
大学预科与高中教育有差异	770	4.092	1.016	1	5
您对实现自己未来发展目标有信心	769	4.369	0.877	1	5
预科与未来的大学专业教育密切相关	770	3.681	1.250	1	5
预科教育的培养目标明确	770	3.871	1.075	1	5
本校预科的办学特色鲜明	770	4.034	1.038	1	5

从表 4-9 可以看出，学生对预科教育重要性的认识比较强（均值为 3.892），认为预科教育与高中教育差异性大（均值为 4.092），预科教育与大学专业教育的联系比较密切（均值为 3.681），本校的预科办学目标比较明确（均值为 3.871）、特色鲜明（均值为 4.034），因而学生对自己的未来发展充满信心（均值为 4.369）。这充分说明了，总体而言，由于各校预科办学中采取了各种措施，包括生涯规划、学习指导等，学生对预科政策的辨识程度显著增强，对预科教育的认识比较到位，对预科所在学校的认同度较高，对未来的学习目标比较明确。

（四）预科生对预科教育的各要素重要性的认识

表 4-10 预科生关于预科教育具体要素的重要性认识

变量	频数	平均数	方差	最小值	最大值
基础课教师的重要程度	770	4.487	0.866	1	5
选修课教师的重要程度	770	3.970	1.087	1	5
管理人员的重要程度	770	4.229	0.995	1	5
课程设置的重要程度	770	4.316	0.938	1	5
教学方法的重要程度	770	4.470	0.877	1	5
生活设施的重要程度	769	4.460	0.914	1	5
网络和图书资料的重要程度	770	4.464	0.922	1	5
实训教室及实验设施的重要程度	770	4.321	1.019	1	5
实践教学的重要程度	769	4.365	0.982	1	5
奖助学金的重要程度	770	4.391	0.933	1	5
会考指导的重要程度	770	4.334	0.995	1	5
升学指导的重要程度	770	4.532	0.862	1	5

从表 4-10 可以看出，预科生关于预科教育各要素的认识中，对师资力量、教学设施、生活环境、实践训练、课程建设、经费支持、人才输出、社会贡献等均高度重视，其中人才输出维度中的升学指导（均值 4.532）、师资力量维度中的基础课教师（均值 4.487）、课程建设维度中的教学方法（均值 4.470）、教学设施维度中的网络和图书资料（均值 4.464）、生活环境维度中的生活设施（均值 4.460）位列前五名。这说明，对预科学生而言，与学习密切相关的日常教学因素成为影响学生对预科办学的重要性认识的主要因素。

（五）预科学生对预科教育各要素满意程度的认识

表 4–11 预科生对预科教育具体要素的满意程度

变量	频数	平均数	方差	最小值	最大值
基础课教师的满意程度	770	4.213	0.913	1	5
选修课教师的满意程度	770	3.991	1.033	1	5
管理人员的满意程度	770	4.023	1.069	1	5
课程设置的满意程度	770	3.994	1.041	1	5
教学方法的满意程度	770	4.070	1.016	1	5
生活设施的满意程度	770	3.561	1.249	1	5
网络和图书资料的满意程度	770	3.418	1.355	1	5
实训教室及实验设施的满意程度	770	3.366	1.286	1	5
实践教学的满意程度	770	3.410	1.284	1	5
奖助学金的满意程度	770	3.726	1.193	1	5
会考指导的满意程度	770	3.692	1.160	1	5
升学指导的满意程度	770	3.762	1.154	1	5

从表 4–11 可以看出，预科生对预科教育具体要素的满意程度排在前三位的分别是基础课教师（均值为 4.213）、教学方法（均值为 4.070）和管理人员（均值为 4.023），排在后三位的分别为实训教室及实验设施（均值为 3.366）、实践教学（均值为 3.410）、网络和图书资料（均值为 3.418）。这说明预科教育中实践教学远远不能满足学生发展需要，要高度重视预科的教学硬件投入，特别是要增加实验室和实训室的硬件投入，建设教学实验室，配备一定数量的实验人员，不断提升理工科预科教师的实验教学水

平。同时，要有针对性地对物理、化学、计算机等课程加强实验教学指导，尽快研制预科教学实验标准，提升理工科预科教学质量。另外，也需要进一步加强图书馆的预科教育资料投入，提高图书和网络的现代化水平。

（六）学生关于预科阶段课程比例的认识

表 4-12　预科阶段必修课应占总课程比例

选项		人数 / 人	百分比 /%	有效百分比 /%	累积百分比 /%
有效	25% 以下	30	3.9	3.9	3.9
	25%—50%（不含 50%）	139	18.1	18.1	22.0
	50%—75%（不含 75%）	422	54.8	54.9	76.9
	75% 以上	177	23.0	23.1	100.0
	总计	768	99.7	100.0	
缺失	系统	2	0.3		
总计		770	100		

表 4-13　预科阶段选修课应占总课程比例

选项		人数 / 人	百分比 /%	有效百分比 /%	累积百分比 /%
有效	25% 以下	249	32.3	32.5	32.5
	25%—50%（不含 50%）	406	52.7	53.0	85.5
	50%—75%（不含 75%）	99	12.9	12.9	98.4
	75% 以上	12	1.6	1.6	100.0
	总计	766	99.5	100.0	
缺失	系统	4	0.5		
总计		770	100.0		

根据教育部 2005 年颁布的《普通高等学校少数民族预科班、民族班管理办法（试行）》第二十五条规定："民族预科班实行统一教学计划、

统一教材、统一教学标准。汉语文、数学、外语、计算机、马克思主义民族理论和思想政治等基础课程的教学计划、教学大纲由国务院教育行政部门统一制定，使用由国务院教育行政部门组织编写的民族预科班统编教材。其他课程教材由预科培养学校自行确定。”由表4-12、表4-13得出，学生认为必修课（基础课）应该占总课程50%以上的占78.0%，选修课应该占总课程比例的50%以下的占85.5%。这意味着学生认为基础课，包括汉语文、数学、外语、计算机、马克思主义民族理论和思想政治等，非常重要，在预科教育阶段应占总课时的过半比重。同时，有超过一半的学生认为，选修课必不可少，应该占总课时的25%—50%的比例。

（七）实行学分制的看法

根据教育部2005年颁布的《普通高等学校少数民族预科班、民族班管理办法（试行）》第二十二条规定：“民族预科教育可进行学分制试点。”第二十七条：“实行学分制试点高等学校民族预科班学生学习成绩根据需要规定考核、记分。”表4-14表明，从抽样看，学生对学分制认同度较低。在关于“大学预科是否应该实行学分制”的回答中，认为“不应该”的学生达到62.8%，认为“无所谓”的学生占15.5%，仅有21.7%的学生认为应该实行学分制。

表4-14　大学预科是否应该实行学分制

选项	人数/人	百分比/%	有效百分比/%	累积百分比/%
应该	167	21.7	21.7	21.7
不应该	484	62.8	62.8	84.5
无所谓	119	15.5	15.5	100.0
总计	770	100.0	100.0	

而在“大学预科是否应该严格考核采用淘汰制”的问题回答上，表4-15显示，有超过一半的学生（55.4%）主张不采用淘汰制，仅有21.7%的学生主张采用严格考核淘汰制的方式进行学业管理。在问及原因时，压力太大、不想被淘汰者有215人，占主张弃选淘汰制学生总数的50.8%。此外，

部分学生认为，预科是一种优惠政策，如果实行淘汰制，就违背了这一优惠政策；还有部分学生认为，预科教育应该是轻松的过渡阶段的教育，即便考核，也不应该淘汰，因为淘汰会给学生造成严重心理负担，影响学生前途，特别是切断少数民族学生的上大学机会。

表 4-15　大学预科是否应该严格考核采用淘汰制

选项	人数 / 人	百分比 /%	有效百分比 /%	累积百分比 /%
应该	166	21.7	21.7	21.7
不应该	423	55.4	55.4	77.1
无所谓	175	22.9	22.9	100.0
总计	764	100.0	100.0	

（八）课程重要性

第一，必修课重要性的认识。

表 4-16　必修课课程重要性排序

排序	汉语		英语		计算机		数学		思想政治		物理化学等	
	频数 / 次	百分比 /%	频数 / 次	百分比 /%	频数 / 次	百分比 /%	频数 / 次	百分比 /%	频数 / 次	百分比 /%	频数 / 次	百分比 /%
第一	393	51.7	130	17.1	34	4.5	140	18.4	36	4.7	45	5.9
第二	105	13.8	243	32.0	77	10.1	189	24.9	80	10.5	74	9.7
第三	107	14.1	170	22.4	140	18.4	193	25.4	103	13.6	56	7.4
第四	76	10.0	112	14.7	216	28.4	108	14.2	170	22.4	91	12.0
第五	47	6.2	71	9.3	186	24.5	96	12.6	218	28.7	150	19.7
第六	32	4.2	34	4.5	107	14.1	34	4.5	153	20.1	344	45.3
合计	760	100.0	760	100.0	760	100.0	760	100.0	760	100.0	760	100.0

表 4–16 表明，在学生关于必修课程开设的重要性排序中，按照每门课的最多选择人数进行排序，从排序第一到排序第六依次为汉语、英语、计算机、数学、思想政治、物理化学等。其中，汉语被认为是最重要的比例达到了 51.7%，而物理化学等基础课被认为最不重要的达到了 45.3%。

第二，选修课的重要性。选修课在预科教育教学中具有十分重要的作用，但是在学生关于选修课的重要性排序中，按选择人数最多进行排序，前三位依次为阅读（34.5%）、艺术实践（30.8%）、艺术欣赏（26.2%）。后三位依次为升学指导课程（9.9%）、体育（15.2%）、民族文化课（18.6%）。这表明学生并未充分认识到与学生生活和学习紧密相关的课程升学指导、体育、民族文化的重要性，而对包容性更强的课程，如阅读、艺术实践和艺术欣赏非常感兴趣。或许是阅读、艺术实践、艺术欣赏类的课程过于短缺，从而使学生的课程认知发生偏差。

二、回归分析

（一）影响预科生对预科学校总体满意度的因素

表 4–17 各类因素对预科学校总体满意度影响的回归统计结果

因素	系数	稳健性标准误	T 值	P 值	显著性
年龄	–0.023	0.032	–0.73	0.464	
性别	–0.029	0.060	–0.48	0.631	
高考成绩	0.032	0.019	1.69	0.092	*
预科教育重要性	–0.057	0.034	–1.68	0.093	*
预科与高中的差异	–0.030	0.031	–0.95	0.340	
未来教育目标信心	–0.061	0.038	–1.62	0.105	
预科与大学的相关性	0.017	0.031	0.56	0.575	
预科培养目标	–0.057	0.044	–1.30	0.195	
预科办学特色	0.619	0.040	3.47	0.001	***

续表

因素	系数	稳健性标准误	T 值	P 值	显著性
基础课教师重要度	0.572	0.065	4.03	0.000	***
选修课教师重要度	0.016	0.040	–0.41	0.682	
管理人员重要度	0.023	0.046	0.50	0.619	
课程设置重要度	0.593	0.051	1.82	0.009	***
教学方法重要度	0.074	0.058	1.27	0.203	
生活设施重要度	0.056	0.054	1.02	0.306	
网络和图书重要度	–0.008	0.056	–0.15	0.883	
实训实验设施重要度	–0.029	0.050	–0.58	0.559	
实践教学重要度	0.068	0.053	1.28	0.099	*
奖助学金重要度	–0.034	0.051	–0.66	0.508	
会考指导重要度	–0.011	0.050	–0.22	0.828	
升学指导重要度	–0.057	0.060	–0.96	0.339	
基础课教师满意度	0.287	0.097	2.86	0.036	***
选修课教师满意度	0.063	0.052	1.22	0.225	
管理人员满意度	0.090	0.044	2.04	0.042	**
课程设置满意度	0.077	0.049	1.57	0.016	**
教学方法满意度	–0.029	0.051	–0.57	0.569	
生活设施满意度	–0.028	0.040	–0.69	0.488	
网络图书满意度	0.029	0.037	0.78	0.436	
实训实验设施满意度	–0.013	0.042	–0.30	0.762	
实践教学满意度	–0.013	0.040	–0.32	0.746	
奖助学金满意度	0.052	0.035	1.47	0.042	**
会考指导满意度	–0.073	0.048	–1.53	0.127	

续表

因素	系数	稳健性标准误	T 值	P 值	显著性
升学指导满意度	0.015	0.044	0.33	0.743	
学分制	0.036	0.055	0.66	0.512	
常数项	4.003	0.708	5.65	0.000	***

Mean dependent var	1.797	SD dependent var	0.768
R-squared	0.217	Number of obs	641.000
F-test	4.512	Prob > F	0.000
Akaike crit.（AIC）	1399.263	Bayesian crit.（BIC）	1568.859

*** p<0.01, ** p<0.05, * p<0.1

表 4-17 显示了预科生自身、入学成绩、教育认知、教育过程要素等因素对预科生关于预科学校总体满意度的影响程度的回归结果。其中常数项值为 4.003，即如果预科学生在没有采取任何措施的情况下，对预科学校总体满意度会上升 4.00 个单位，结果高度显著。“R-squared”的值为 0.217，检验整个方程显著性的 F 统计量为 4.512，其对应的 P 值（Prob > F）为 0.000，表明回归方程整体式高度显著的。同时，我们进行 Robust 稳健性检验的结果与 OLS 回归结果基本一致，说明研究结论较为可靠。

通过数据分析，我们得出以下结论：

1. 预科办学特色对学校教育质量具有显著正向预测效应。大学的预科办学特色越鲜明，学生越能感受到学校的办学声誉，对学校的满意程度就越高。表 4-17 显示，办学特色对学校总体满意度的影响系数为 0.619，在 1% 水平显著。由于目前我国承办预科的学校甚多，但不同层次、不同类型高校鱼龙混杂，如能办出水平、办出特色，使预科成为学校的亮点、特色和品牌，学生就能充分感受到学校的办学影响，从而提升其自信心。

2. 课程建设对学校教育质量具有显著正向预测效应。学生越能认识到预科课程设置的重要性，则学生对学校越满意。表 4-17 显示，预科课程设置重要度对学校总体满意度的影响系数为 0.593，在 1% 水平显著。与此同时，学生对课程的情感体验一定程度影响了学校总体满意度。也就是说，学生对预科课程设置越满意，学生就越倾向于对学校整体办学满意。表 4-17 显示，预科课程设置满意度对学校总体满意度的影响系数为 0.077，在 5% 水平显著。

3. 师资力量，特别是基础课教师对学校教育质量具有显著正向预测效应。对基础课教师的价值认知对学校总体满意度有重要影响，越能认识到基础课教师的价值，则对学校总体满意度越高。表 4-17 显示，基础课教师的价值认知对学校总体满意度的影响系数为 0.572，在 1% 水平显著。与此同时，对基础课教师的情感认同对学校总体满意度有显著影响，也就是越满意基础课教师的工作，则对学校总体满意度越高。基础课教师满意度对学校总体满意度的影响系数为 0.287，在 1% 水平上显著。

4. 管理水平与经费支持对学校教育质量有一定影响。表 4-17 显示，管理者的认可，也就是预科管理的水平一定程度上影响了学校总体满意度，其影响系数为 0.090，在 5% 水平上显著。而经费支持（奖助学金）的满意程度也一定程度影响了学生对学校办学的总体满意度，其影响系数为 0.052，在 5% 水平显著。这表明，管理制度的透明、规范、高效，成为吸引学生进入学校学习的重要因素。

5. 与学生没有直接联系的因素对学生关于学校总体满意度影响不大。表 4-17 分析结果显示，人才输出、实践训练、教学设备等因素，由于不能被学生熟知，导致其对学校总体满意度的影响并不大，或者影响程度微弱。

（二）影响预科生对预科教育满意度的因素

表 4-18 各类因素对预科教育满意度影响的回归统计结果

因素	系数	稳健性标准误	T 值	P 值	显著性
年龄	–0.016	0.033	–0.47	0.637	
性别	0.136	0.061	2.23	0.026	**
高考成绩	–0.243	0.020	6.20	0.008	***

续表

因素	系数	稳健性标准误	T 值	P 值	显著性
预科重要性认知	0.289	0.035	5.49	0.000	***
预科与高中的差异	0.022	0.032	0.70	0.482	
未来教育目标信心	0.064	0.039	1.66	0.098	*
预科与大学的相关性	0.038	0.032	1.19	0.235	
预科培养目标	0.089	0.045	1.98	0.048	**
预科办学特色	0.502	0.041	4.88	0.000	***
基础课教师重要度	–0.025	0.056	–0.44	0.662	
选修课教师重要度	0.055	0.041	2.05	0.060	*
管理人员重要度	–0.012	0.048	–0.24	0.807	
课程设置重要度	0.009	0.052	0.17	0.868	
教学方法重要度	–0.052	0.059	–0.89	0.375	
生活设施重要度	0.010	0.056	0.17	0.863	
网络和图书重要度	0.001	0.058	0.01	0.990	
实训实验设施重要度	–0.038	0.051	–0.75	0.454	
实践教学重要度	–0.412	0.054	–2.05	0.003	***
奖助学金重要度	–0.071	0.052	–1.37	0.172	
会考指导重要度	0.074	0.052	1.44	0.150	
升学指导重要度	0.029	0.061	0.48	0.633	
基础课教师满意度	0.005	0.053	0.10	0.923	
选修课教师满意度	–0.017	0.048	–0.35	0.727	
管理人员满意度	–0.074	0.045	–1.65	0.100	
课程设置满意度	–0.055	0.050	–1.09	0.275	
教学方法满意度	0.015	0.053	0.28	0.778	
生活设施满意度	–0.047	0.041	–1.13	0.258	
网络图书满意度	0.045	0.038	1.20	0.232	

续表

因素	系数	稳健性标准误	T 值	P 值	显著性
实训实验设施满意度	0.039	0.043	0.91	0.365	
实践教学满意度	-0.026	0.041	-0.64	0.522	
奖助学金满意度	0.370	0.036	1.94	0.035	**
会考指导满意度	0.041	0.049	0.84	0.403	
升学指导满意度	0.113	0.045	2.50	0.013	**
学分制	-0.001	0.056	-0.01	0.989	
常数项	4.942	0.725	6.82	0.000	***
Mean dependent var	1.958		SD dependent var		0.882
R-squared	0.377		Number of obs		641.000
F-test	9.873		Prob > F		0.000
Akaike crit.（AIC）	1429.496		Bayesian crit.（BIC）		1599.091

*** p<0.01, ** p<0.05, * p<0.1

表 4-18 显示预科生自身、入学成绩、教育认知、教育过程要素等因素对预科生关于预科学校总体满意度的影响程度的回归结果。其中常数项值为 4.942，即如果预科学生在没有采取任何措施的情况下，对预科学校总体满意度会上升 4.942 个单位，结果高度显著。“R-squared”的值为 0.377，检验整个方程显著性的 F 统计量为 9.873，其对应的 P 值（Prob > F）为 0.000，表明回归方程整体是高度显著的。同时，我们进行 Robust 稳健性检验的结果与 OLS 回归结果基本一致，说明研究结论较为可靠。

通过数据分析，我们得出以下结论：

1. 预科教育重要性的认知对预科教育质量具有显著正向预测效应。也就是说，对预科的重要性认知越充分，对预科教育的满意度就越高。预科重要性认知对预科教育的满意度的影响系数为 0.289，在 1% 水平显著。

2. 预科办学特色对预科教育质量具有显著正向预测效应。大学的预科办学特色越鲜明，学生越能感受到民族预科教育的学术声誉，对预科教育的满意程度就越高。表 4–18 显示，预科办学特色对预科教育满意度的影响系数为 0.502，在 1% 水平显著。预科教育的特色直接体现在人才培养的全过程，包括人才培养目标、课程方案、师资队伍、教学管理、实践创新、学习指导等，这些均与学生的日常学习生活息息相关，也与其利益紧密相连，因而学生的体验较强烈，从而产生强烈的情感认同。

3. 高考成绩对预科教育质量具有显著负向预测效应。也就是说，高考入学成绩越高，对预科教育的满意度越低，其影响系数为 –0.243，在 1% 水平显著。入学成绩越高，其成就动机越高，对预科教育的期望越高，也就对预科教育的诸要素的要求越高。高期望水平造成的强烈的对比效应，容易使学生产生理想与现实的激烈冲突，使其产生挫折感，从而降低教育认同感。

4. 实践教学重要度认知对预科教育质量有显著的负向预测效应。也就是说，学生对实践训练的重要性认识越强，对预科教育的满意度就越低。实践教学重要度认知对预科教育的满意度的影响系数为 –0.412，在 1% 水平显著。学生对实践教学重要性的认识越充分，就对预科教育实践教学的期望越高。但是，从现场调研看，预科教育实践教学普遍不足，预科的实践课程开设不足，实践教育体系不完整，实践条件如实践基地、实验室以及实习实训场地、实践经费和实践师资等普遍缺乏，使学生的实践需求得不到满足，高期望水平造成强烈的对比效应，使学生对预科教育的认同感降低。

5. 预科培养目标、奖助学金与升学指导对预科教育质量有一定的影响。表 4–18 显示，预科培养目标即预科教育认知对预科教育总体满意度有一定的影响。其影响系数为 0.089，在 5% 水平显著。也就是说，预科培养目标越明确，学生对预科教育的认识越清晰，越能尽快地适应预科教育，提高认知度和辨识度，从而提高预科教育的认同度，即产生对预科教育的满意度。

表 4–18 显示，学生关于奖助学金的满意程度对预科教育总体满意度的影响系数为 0.370，结果高度显著。奖助学金与学生的切身利益紧密相关，是保障预科教育顺利进行的重要条件。来自贵州民族大学的调查研究表

明，预科生中有近 60% 学生来自乡村，预科生每月生活费在 700 元以下的占 53.4%，父母文化程度均在初中以下的超过 63%。也就是说，预科生的家庭经济条件差，国家经费支持是其完成学业的重要前提。

表 4-18 显示，升学指导满意度对预科教育的总体满意度的影响系数为 0.113，也就是升学指导满意度越高，对预科教育的总体满意度越低，在 5% 水平显著。顺利进入满意的大学是预科生接受预科教育的重要目标和核心利益诉求，升学指导是保障这一诉求实现的重要条件。

6. 师资力量、生活环境、社会贡献等因素对预科教育质量的影响不大。表 4-18 显示，其他因素，如师资力量包括基础课和选修课教师、生活环境等对预科教育的满意程度影响不显著或者影响程度较弱。

三、讨论与建议

通过上述分析可知，影响预科教育质量的因素众多，但从学生的质量体验角度看，教育认知、课程建设、师资力量对预科教育质量有正向预测效应，高考成绩和实践教学对预科教育质量具有显著的负向预测效应，经费支持、人才输出对预科教育质量有一定影响。

这表明，要提高预科的教育质量，要做到以下几点。

第一，要提高预科教育政策辨识度，同时要加大预科教育研究，进一步明确预科教育的性质，消除人们对预科教育的错误认识，形成对预科教育的正确认识。我们必须要看到，目前关于预科教育的合法性问题已经引起了社会上不少的议论，学生、管理者、办学者都有不同看法。针对本次调研中关于“你对提高预科教育质量有什么建议”这一问题，提出要“取消预科”的学生竟然有 10 多位。

第二，要加强课程建设，特别是基础课建设，包括教材建设等，增加课程的灵活性和针对性，提高课程质量。许多受访者提出要增设专业课、礼仪课、艺术课，多开设选修课和专业指导课。这意味着预科教育已经进入新的发展阶段，必须要重新思考培养什么样的人、怎么培养人等新问题。部分学生提出要加强思想政治课程建设，开设民族团结教育课程。同时，在教学方式上采用现代化教学手段，采用多媒体等，使教学方式方法更加人性化。特别是要针对部分汉语较差的学生，进行有针对性的辅导。

第三，加强师资队伍建设。重视三支队伍建设，即教研队伍、教师队伍以及管理队伍建设，提高教师待遇和教师专业水平。

第四，加强实践教学。要充分意识到实践教学在预科教育中的地位，加大实践教学评估比重，增加实践师资。部分受访者提出要增加社会实践的机会，开设实践导引类课程，引导学生进入专业教育。

第五章　高校预科人才培养模式创新：基于Z校的个案

第一节　Z校民族预科创新人才培养模式的背景

一、Z校民族预科的基本状况

Z校是一所直属国家民族事务委员会的综合性普通高等院校，建校70余年。Z校招收的第一批学生包括回族、瑶族、苗族、仡佬族等11个民族。由于当时很多少数民族干部文化程度不一，Z校于建校第二年10月成立了文化班，从办学性质和特点来讲，文化班也就是预科部的前期形式。当时的文化班在初建成时是为了给一些文化程度较低的干部进行补习，主要学习内容偏向于国家政策和政治方面，最初学员有120名。1955年正式建立预科部，取代了文化班，在专业和学生的规模上均加以扩大，占全校学生的10%，并按照学员的综合水平进行各阶段的补习。当时教育部对预科的培养目标是主要对干部进行培训补习，对他们的政治、文化等进行系统的培训，以适应国家的需要。到了1956年，Z校预科部学生规模达到

400余人，两年后，预科部的性质发生了改变，取消小学以及初中的补习课程，只设立高中班。此时Z校的办学重点也以本科为主，预科部招生的重点转为少数民族教育较落后的聚集地区。当时预科部的学制与现在有所不同，为两年制的高中班，文科班的数学、物理、化学课时均有所减少，同时增加文科类的课程。在教学方式上则注重对学生的基本功的训练，采用启发与讲练相结合的办法，使学生牢固掌握基础知识，做好高中与本科的衔接。2006年4月13日，预科部成功更名为预科教育学院。从2008年起，预科就形成了相对独立和健全的组织机构和办学体系。在机构与组织设置方面已设有党总支、院行政、工会、团委学生会、办公室、语文教研室、数理教研室、政治教研室、英语教研室。预科部从创办至今近70年，与Z校共兴衰，并且为该校各个本科专业培养输送学生近8000余人，并受教育部委托，为华中科技大学、中南财经政法大学、武汉理工大学、华南理工大学等各高校培养输送本科新生2000余人。

根据Z校“十五”计划，预科部正式分为文、理科，规模稳定在400人左右，学制根据培养目标以及内容也从两年制改为一年制，并且随着社会的发展，不断改进教学方式以及定位，充分体现衔接型人才培养模式的特点。Z校预科配合大学本科人才培养的需要，将最初的以补习为主的办学指导思想转变为以预习为主，同时注重基础知识的应用；其中“补”是指对高中还未掌握的知识进行补习，“预”是指对本科的相关课程进行预习，对学生各方面的习惯进行培养，提高学生的学习能力，端正学生的学习态度，在学生充分掌握基础知识的情况下，对学生传授本科的学习方式方法，锻炼学生的学习技巧，既是为了学生的本科阶段的学习做准备，也是为了实现学生终生教育的目的[1]。

Z校预科依照“起点低、密度大、坡度小、水平齐”的教学原则对教学方式进行改革，因材施教，争取让不同起跑线上的学生达到同样的学习效果。教材的使用上，根据学生的实际情况，采取统编教材和本校预科部

1　李春光.中南民族大学：预科走内涵式发展道路[J].中国民族，2004(06):59-60.

自编教材相结合的办法，对学生进行分类教学，从而提高学生的综合素质。为了激发学生的学习热情和学习动力，每年在课余时间举行大量的课外活动，比如足球赛、演讲比赛、读书交流会等。这些活动都受到了学生的积极响应和欢迎，学生在活动中也培养了自主意识和创新能力。

Z 校预科学院现有 17 名教职员工，Z 校非常注重对教师的培训，以“在职教师进修为主，脱产进修为辅”的方针，对教师进行激励，使教师更加热爱自己的工作，对工作认真负责。Z 校一贯注重对教师的综合素质建设，把思想建设放在首要地位；注重对教师终身教育的培养，现在仍有教师在攻读博士学位，并且组织教师根据学生的实际情况不断对教学方式方法进行改革创新，取得了一定的成效。自创办以来，Z 校预科部先后有近 80 名教育工作者，其中有 3 名正教授、60 名副教授，他们是来自学校各部的教学科研管理的优秀教育工作者，参与并主持了多项教学科研的活动，发表了多篇论文，编写了大量教材，参与了多项学术研讨会，并获得国家级、省级各类奖项。

目前，Z 校预科学院学生人数稳定在 400 余人，根据其办学实际情况，提出走内涵式发展道路，在对学生基础知识进行培养的基础上锻炼学生的学习能力和创新能力，发展学生的终身教育素质；对课堂教学模式进行改革，改变僵硬的课堂式教学模式，构建“阶梯式整体拉动”教学模式，根据学生的实际学习情况以及知识积累程度，对学生进行分层分类培养，在课下开设不同的培训班，主要分为基础知识补习班和专门培训班，从而达到提升学生总体质量的目标，提升阶梯质量，拉动整体素质。

Z 校预科学院着眼全局，承上启下，对历史进行继承的同时又对现在进行创新，眼前与长远兼顾，自始至终都将人才培养质量作为重中之重。在注重培养老师的综合素质的同时，坚持以学生为本，培养学生的自主学习能力和实践能力，以“漫灌式”教育取代“滴灌式”教育，为民族教育作出积极贡献，以求真务实的精神办民族预科教育。

二、Z校民族预科办学历史

（一）初创期（1951—1956年）

Z校的预科随建校而创立。新中国成立初期，百废待兴，为了充分贯彻和执行党的政策，实行民族区域自治，维护祖国的团结统一，巩固中南地区的政权建设，需要大批的少数民族地区干部。Z校的预科教育在1951年应运而生，当时被称为文化班，1955年初更名为民族预科班，其授课性质相当于一般小学、初中、高中的补习。1956年开始招收插班生，根据学生类型，进行不同程度的授课和学习，做好高中与大学的衔接。在课程设置上，类似于一般中小学，并加以巩固。到了1956年，学生人数达到402人。

1. 培养目标

新中国成立之初，为了满足和发展民族地区的经济和文化，国家颁布了一系列的相关政策，着重提出要大力培养少数民族干部。教育部在1951年9月召开了第一次全国民族教育会议，此次会议对民族教育主要任务以及方略作出了明确指示，并对教育工作中出现的主要问题进行探讨研究，明确提出应大力培养少数民族干部，以适应社会经济、文化和政治发展的需要。这些行为和决策都体现了培养少数民族干部的重要性以及紧迫性，同时也为新中国初期民族预科教育设立了明确的人才培养目标。

2. 培养方法

新中国成立后，人们对知识的渴求程度达到新高度，由于在旧社会饱尝没知识、没文化的亏，到了新社会，人们发现要想更好地开展工作、建设社会主义社会，必须有较强的综合素质，他们迫切地希望学习新知识。但由于学员的生源地分布较广，学生的学习层次不一，因此，在教学方法上，不能采用一刀切的方式，而应根据实际情况而定。当时主要采用了这么几种教学方法：第一，以课堂老师讲授、学生听课为主，同时辅以讨论复习和课外活动，课外活动主要包括社会活动、参观游览和文娱活动等。这里的参观并不是无目的的参观，而是结合课堂所学做详细计划，之后还要做详细总结。第二，按照学生的基础程度的不同进行编办教学，并且编写印发详细的知识提纲，帮助学生克服语言困难，因材施教，提高复习效率，使学生更容易掌握所学知识。第三，特别重视思想辅导。由于学生来自祖国各个地方，知识积累不同，生活习惯也不同，因此会根据各个学生的特点，采取多种形式进行单独辅导。对于基础较差的学生，还会进行特别辅导，补习文化课。对不懂普通话的学生，也有专门的双语教师给他们翻译并教授普通话。对文化知识程度积累较高的学生，会让他们辅导干部批改作业，并让他们当学习小组的组长，带领其他学员开展学习活动。

编班根据学员们的自身情况和需要而定。第一期的学员按照自身的文化水平进行编班，对于文化底子较差的学员，在大课之后开设辅导课，帮助他们学习。到了第二、三期学员，人员分布较为复杂，年龄、文化基础、工作经验都存在着较大差异性，便根据学员特点分为政治班和训练班。有着一定的政治素养和文化水平的各地干部以及需要赶回工作岗位的学员就编到训练班，对于想打好文化基础又没有时间限制的年轻人则编到文化班。到了第四期，除了依照第三期原有的编班形式之外，还会根据学员来自的地区编班，前者是为了统一进度教学，后者则是为了照顾语言沟通，这也有利于更好地开展地区工作。

（二）曲折发展期（1957—1979 年）

根据当时的主客观条件，Z 校根据地区实际决定向民族高等师范学院发展。从 1958 年起，民族预科除将现有初中水平的学生继续培养到高中毕业外，不再办初中班，同时只设立高中性质的民族预科班。1960 年，院领导决定实行民族预科班和本科“一条龙”体制，撤销了原来预科班的单独建制，改由各系单独开设预科班，但实践结果表明并没有达到预期结果，不利于学生文化基础知识的培养，加重了学生的负担。因此，经过院领导研究协商，1962 年又重新恢复预科单独建制，根据学生的文化程度、年龄、社会角色编为普通高中班和基层干部训练班。普通高中班的学生经考察合格后继续进入本科学习，基层干部训练班完成学业后回原籍，由当地安排工作[1]。

1. 培养目标

当时的人才培养目标是符合时代背景的，依据教育要为无产阶级政治服务，同时要与生产劳动相结合的教育方针，在为少数民族地区培养有社会主义觉悟、有文化有知识的劳动者的人才培养目标下，招收少数民族工农干部或工农子弟，学习中学阶段的文化科学知识，为本校输送合格的本科新生。重点招收少数民族聚集地，并且教育较落后的学生。

2. 培养方法

课程基本按照国家统一规定开设，但同时也根据实际情况做适当的改编和精简。当时开办有二年制文科班和三年制文科班，前者采用减少相关理科课程并增加文科课程的做法，在两年内完成普通高中三年的文科类课程。后者则是招收少数民族地区初中二年级文化水平的学生，在教学方法上与二年制文科班一致，用三年的时间对学生进行培养，使其达到高中毕业的水平。不论是哪一种学制的学生在毕业时均要参加考试，考试合格才能进入本科继续学习。

当时预科的开设就是为帮助较为落后的少数民族地区培养高一级人才而采取的专门措施。这段时间预科各方面的发展较为迅速和良好，各方面的工作也都开展得较为顺利，直到1966年5月“文化大革命”开始。“文化大革命”严重摧残了整个教育事业，给民族预科班乃至整个Z校都带来了毁灭性的打击和深重的灾难。在1970年9月召开的省文教战线工宣队指挥部的一次会议上，由文教战线指挥长口头传达了湖北省革命委员会关于Z校建制的决定，至1972年5月31日正式撤销Z校建制，与此同时，驻Z校工宣队指挥部也宣告撤销。Z校被强令撤销后，人员被遣散另行分配工作，校址及院内建筑被低价出卖，物资设备被重新分配，建设了将近

1　中南民族大学校史编纂委员会编．中南民族大学校史(1951—2011)[M]．武汉：湖北人民出版社，2011.9: 43–45.

20年的事业毁于一旦[1]。

（三）重建期（1980—1985年）

1977年8月邓小平宣布恢复高考，随后一系列的教育改革开始实施，进行全面的拨乱反正。1980年1月7日，国务院批准同意恢复重建Z校。1981年9月17日，中断10年后又恢复重建的Z校隆重举行了重建后的首届新生开学典礼。当时学校按照教育部要求，首先设置了政治、语文、历史专业，等条件成熟后再开设理科相关专业，并同时开设了干训部和预科部，也就是说1981年学校复办的同时就恢复了预科。本科的学制为4年，预科部和干训部的学制为1—2年。1981年和1982年各招生100名，1983年除了招收一年制学生外，开始招收两年制预科。到了1985年预科生人数达到了670人。

1. 培养目标

1983年，按照当时Z校制定的十年规划的规定，大学预科部重点招收少数民族地区居民人口集中但是有较为落后的地区的学生，为本科各系输送合格的新生。从此，预科的性质也改变了，从单独建制办学转变成本科的预备性质，走上了为本科培养输送优秀合格新生的道路。

2. 培养方法

随着对预科办学性质以及办学功能的重新定位，预科更名为Z校预科部。预科部的相关管理体制也随着办学功能定位变化而发生改变。为了提高预科的教学质量，学校开始创办两年制预科，为大学本科输送更为高质量的新生。1984年12月，全国民族院校预科数学教学、教材研讨会在Z校所在城市召开，并决定由Z校预科部主编通用教材。这是第一部全国范围的教材，其中包括《立体几何》《微积分》《平面解析几何》等课程内容。1985年1月23日，学校针对预科部出台了新的改革措施，第一项是凡是数学成绩优秀的预科生可以申请免修数学；第二项是两年制中品学兼

1　中南民族大学校史编纂委员会编．中南民族大学校史(1951—2011)[M]．武汉：湖北人民出版社，2011.9: 89.

优的预科生可以申请同一年制预科生一起参加内升考试，考试合格即可进入本科学习。同时，学校加强了预科人才培养方法，规范严格了管理制度，在1983年成立了内招领导小组，小组成员由各系部抽检而来，专门负责管理和领导实施内升工作。此外，学校还制定人民奖学金试行办法，鼓励学生德、智、体各方面全面发展。人民奖学金每学年评定一次，学校学习连续一年以上的学生均可参评，其中包括本科、预科以及干训部学生，奖学金分为甲乙丙三等级，甲等奖学金150元、乙等奖学金100元、丙等奖学金60元。学校此时对预科部的各项管理办法已趋成熟，并且对内招考试的试题、评判标准、招生办法等都作出了详细的规定。从此时起，预科就形成了一定规模，走上了制度化的轨道。

（四）扩大发展期（1986年至今）

随着中央教育体制改革措施相继出台，Z校也加快了改革和发展的步伐。经过“七五”“八五”“九五”三个五年计划的教育事业发展规划的成功完成并实施，学校教学科研各方面的建设都取得了长足的发展与进步。到2000年，Z校已经发展成为国内位居前列的多学科综合的民族高校。“八五”到“九五”期间，Z校预科生由134人增至343人。

1. 培养目标

2002年，学校提出“以提高人才培养质量为中心，教学科研并重”的办学方针之后，预科教育也确立了“以预为主，以补为辅”的办学指导思想，从办学思想上实现了重大的改革创新和突破，主要是衔接本科教育，同时进行基础补习，使学生更好适应本科学习；根据“厚基础、宽口径、高素质”的要求，为大学本科培养高质量新生，预科毕业生在政治目标上应遵纪守法，拥护中国共产党领导和社会主义制度，维护国家统一和民族团结；并且在基础知识能力扎实的基础上做到熟练掌握运用汉语和普通话，并且掌握一门外语的同时，能够知晓计算机原理以及熟练操作[1]。

1　中南民族大学校史编纂委员会编．中南民族大学校史(1951—2011)[M]．武汉：湖北人民出版社，2011.9: 202-204.

2. 培养体制

大学预科部在这个阶段对机构设置和人员编制上都进行了扩充。按照专业侧重方向不同，大学预科部除了按照之前的文理科编班，还增设了医科班。教学管理机构设有政史地、汉语文、数学、理化 4 个教研室，一个图书资料室，并把化学和物理两个实验室优化配置到物理系和化学系。到 1990 年，预科部共有全套教职工 29 人，其中副教授 6 名，讲师、实验师 12 名，助教 3 名。在教学经验的总结的基础上，预科部编著了一套五册教学参考书《中学古诗文对照注释》，一版再版，还发往全国各地。同时，Z 校预科部还联合全国民族院校预科部同行，编印出 13 本教材，完全解决了预科长期无教材的尴尬局面。1993 年，按照国家发布的相关通知，学院要求预科部努力找出自己特点，既要不同于高中又不能等同于本科教育。在课程设置上，预科部按照打好基础、做好衔接的原则，突出语、数、外等主干学科的教学，为贯彻实施学院要求，确立了“分两步走，三年到位”的方针，并进行大力改革创新。

课程安排上，预科部突出教育部和国家民委有关精神，对有关课程数量及设置进行精简，集中精力上好主干课程。从 1995 年起，文理科将语、数、外、德育、体育的考试成绩作为升学依据，医科班的设置由预科部和教务处共同进行协商定夺。1997 年，预科部组织了教师参与了编写《阅读与写作》教材。

在招生对象上，预科部继续坚持招收少数民族学生，但学生培养形式开始发生一些变化。除了培养一部分学生进入本校的本科层次继续学习外，还有一部分外校委培学生，这一部分学生毕业考试合格后可进入原定向学校学习。在学校由“学院”更名为“大学”后，其委培学生的比例逐年增加。到了 2006 年，委培学生已超过总数的一半。

教学方面不断加大改革力度，2004 年，预科部对全部教学计划进行重设，对每一种类型的课程都设立了课程标准，并分为主干课程和非主干课程。2006 年，预科部继续深化改革，坚持探索，将课程模式转变为必修课、选修课和任选课，采取了最新的教学模式，与大学本科教育接轨。除完成国家规定的主干课程外，另专门为预科部学生开设公选课，并在选课形式上打通了文科和理科选课界限。其中公选课开设了书法、哲学基础以及计算机等课程，预科部在教学改革的同时也不放松对科研的开展，取得了一定的成果。

在此期间，预科部出台了一系列较为成熟的管理制度以保障人才培养。预科部先后出台了《预科学生成绩管理办法》《期末考试流水阅卷办法》《预科教学评价办法》等规章制度，使得在对预科学生考试、阅卷、评判和评价等方面有章可循，有法可依。2006 年 4 月 13 日，预科部成功更名为预科教育学院。从 2008 年起，预科就形成了相对独立和健全的组织机构和办学体系。在机构与组织设置方面已设有党总支、院行政、工会、团委学生会、办公室、语文教研室、数理教研室、政治教研室、英语教研室。经统计，预科教育学院现有专职教师 14 人，思想政治教育教师 3 人，不乏全国优秀教师和Z校教学名师，其中副教授职称以上教师 6 人、讲师 11 人、具有博士学历教师 6 人、硕士学历教师 4 人。学院建有预科生人文素质教育校级教学团队，教师在学校网上教学和师德考评中优秀比例名列前茅，是一支教学经验丰富、充满活力、师德高尚、热爱民族高等教育的高素质专业教师队伍。预科教育学院已成为名副其实的教学科研单位。

三、创新人才培养模式的动因

（一）社会需求和趋势

随着少数民族地区各方面的加速发展，对教育的诉求也在逐渐提高。面对社会的需求和形势变换，越来越多的学校已经进入改革阶段。随着我国民族高等教育的发展，民族预科教育呈现以下发展趋势。

第一，发展方向大众化。随着高校数量的增加，招生规模的扩大，少数民族预科生升入大学的人数也在逐年增加，民族预科教育向大众化教育方向发展。这就要求高校在办学规模、师资投入以及课程设置等方面作出相应的改革。

第二，由以政府主导向办学方式多元化发展。首先是民族预科在办学的体制上多元化。由政府包办的办学模式已经成为过去式，随着民营资本与高等教育的关系越来越密切，由政府“一元为主、高度集中”的传统办学模式开始受到挑战，民族预科教育办学体制正向多样化发展。现在开办民族预科的已经不仅仅是公立院校，民办大学也加入进来，其人才培养目标多元化，招生数量及规模呈激增态势，表现出来的适应力不容小觑。

第三，实现由以政府为主体向市场行为转变。长久以来，我国高校多采取以政府为主体的管理模式，但由于市场经济的确立和民族高等教育向多元化发展，管理体制改革已成趋势，多元管理体制将打破或替代传统的管理形式。从客观需要来讲，其管理方式将发生革命性的变革。

第四，办学途径国际化，办学手段信息化。随着科技的不断发展，民族预科教育与国外的高校及研究机构开展合作交流的机会越来越多，广泛地参与全球范围内的教育服务竞争。现代教育技术正向高校教学科研的每一个环节渗透，并将彻底改变传统的教学模式，大幅度提高教学资源利用的效率，使我国预科走向全面信息化。

同时，在和多名民族预科生交流时，笔者了解到有相当一部分学生认为学校所开设的课程并不能满足自己的需求，他们想学的课程没有开设，不重要的甚至是已经完全掌握的却可能需要再重新学一遍，难免会减弱对学习的兴趣。再者，预科虽然是大学的预备阶段，但学生受到的限制却非常多，不能跟本科生享受同等待遇。因此，对民族预科生来说，紧跟时代的文化知识是他们的渴求，同时应注重各方面综合素质的开发与培养，否则终将会被时代淘汰。民族预科学生亟需拓展科学文化知识和视野，去适应这个社会的发展。

（二）人才培养的困难和源起

由于历史因素和现实环境的制约，民族教育在一定程度上仍然是呈稍显落后的发展趋势。进入 21 世纪以来，随着科学技术日新月异的发展和我国综合国力的增强，高等教育已经进入如火如荼的改革创新大潮中，预科也有了跨越式的发展。但是这只是一种好转的现象，并不代表没有问题。民族预科教育的办学规模以及招生数量与其他普通高校相比还是存在着比较大的差距，而且如果维持目前的发展趋势，其差距会越来越大。少数民族学生进入本科的入学率应和少数民族人口成比例，民族高等教育的质量以及规模也应和普通高等教育构成一定的比例。如何把握这之间的比例，使其维持平衡，则是管理者亟须解决的问题。只要民族教育与普通高等教育的差距一直存在，那么预科教育就有必要继续办下去，它是提升民族综合素质的重要手段和体现形式，其重要性不言而喻。管理者需要把握高等教育与民族预科教育之间的平衡，只有突破办学的重重困难才能走向平稳发展、改革创新的道路。

在高校民族预科教育办学的过程中，办学的硬件设施和软件设施难以配套、财政补贴较少都是办学中的重难点。首先，由于预科教育的特殊性以及其办学规模，在高校中普遍得不到重视，在各种活动中也是被排在末位或者角落。因此，在某些民办高校或者高职院校中，常出现硬件设施不到位的情况，诸如多媒体的应用缺乏、学生的学习活动场所条件较欠缺。而软件设施中的师资力量则是所有学校的共性问题，双语教师极度缺乏，许多有经验、有能力的教师想进入本科教学，人才流失的情况较为严重。其次，由于预科教育在高校中得不到应有的重视，不能随着高校条件的进化而同步改善，久而久之会拉大差距，影响人才培养质量。针对这些情况，国家政策层面需根据其实际发展状况特殊情况特殊对待。这些都需要社会和学校作出同步努力进行改革创新，刻不容缓。

第二节　Z 校“衔接型人才培养模式”创新的基本做法

一、目标定位，预备补习结合

根据Z校“十五”计划，预科学院将稳定在400人左右的规模，分为文理科，学制根据培养目标以及内容也从两年制改为一年制，并且随着社会的发展，教学方式以及定位都在不断改进，充分体现“衔接型人才培养模式”的特点。为配合大学本科人才培养的需要，预科部办学指导思想由创立初的“以补为主”转变为“以预为主、以补为辅、夯实基础”，其中“补”是指对高中还未掌握的知识进行补习，“预”是指对本科的相关课程进行预习，对学生各方面的习惯进行培养，提高学生的学习能力，端正学生的学习态度，在学生充分掌握基础知识的情况下，对学生传授本科的学习方式方法，锻炼学生的学习技巧，既是为了学生的本科阶段的学习做准备，也是为了实现学生终生教育的目的[1]。

预科教育依照“起点低、密度大、坡度小、水平齐”的教学原则对教学方式进行改革，因材施教，争取让不同的起跑线上的学生达到同样的学习效果。教材的使用上根据学生的实际情况采取统编教材和本校预科部自编教材相结合的办法，对学生进行分类教学，从而提高学生的综合素质。为了激发学生的学习热情和学习动力，每年在课余时间会举行大量的课外活动，培养学生的自主意识和创新能力。

随着预科教育的不断发展和改革，预科生在各方面的能力都出现了越来越大的差别，主要体现在知识积累、个人能力、文化认知以及个性特征等方面。Z校预科学院在意识到这一点之后，对学生采取“衔接型人才培养模式”，通过“阶梯式整体拉动”的教学模式进行分层分类教学，因材

1　李春光．中南民族大学：预科走内涵式发展道路 [J]. 中国民族，2004 (06): 59-60.

施教。因此，Z 校预科教育本着从学生需求出发，巩固基础，加强知识技能培训，开展实践活动，提高教学质量的指导方针，根据不同对象制定不同的教学计划。从入学起，根据不同的学习基础进行分层编班，制定多样教学计划，确定课堂教学内容和教学方法，尽可能做到因人而异。并且以素质教育为导向，实现学生个性化发展，以有效促进学生综合发展。2010 年起，Z 校预科学院根据学生入学时的单科成绩和入学后的摸底测验，对学生进行分班校教学。并在选修课上兼顾到升本之后的专业特点，使学生对本科专业有大致的了解，从而对学生在选择本科专业上做一定的指导，在巩固基础知识的同时，兼顾到专业。英语则是根据高考入学成绩和摸底测验成绩进行分层教学，分为甲乙两个教学班，甲班的教学方式遵循高起点、高标准的原则，对学生的阅读能力和口语加强培养。乙班的教学方式遵循巩固基础、密度大的原则，对学生进行大量的基础训练，注重学生阅读能力和词汇量的拓展教学，提高英语总体水平。在语文教学上延用英语分层分班的教学方法，对之前实施民族语教学的学生进行课外辅导，使他们学习生活中能熟练运用普通话。按照分班教学实行不同班级授课的同时，还通过将教学大纲进行改革和创新，根据学生不同特点设置考试或考查，实施灵活的评估制度，在教学中坚持以综合素质教育为核心。在课程方面，以语、数、外三门主干课程为主，以巩固基础、培养实践能力和创新精神为重点，以个性化教学为特点的过渡性与衔接型教学模式，确定和实现每个课程“预”和“补”的结合的原则来确定教学目标和任务，从而有效提高课堂教学成效。

表 5-1　Z 校预科教育学院 2016 年预科班两次英语成绩平均分对比

单位：分

班级	入学摸底测验（2016 年 10 月）			三月份联考成绩（2017 年 3 月）		
	英语阅读	完形填空	口语	英语阅读	完形填空	口语
甲班	38.5	13	16	40.2	13.5	18.5
乙班	29	7.5	10	35	10.8	12.5

表 5-1 为预科学院 2016 届学生入学时和半年后的两次英语测验成绩的对比，数据来源于预科学院英语教师 Y 老师。根据预科学院对英语分层教学的特点以及方式，对比的内容为英语阅读、完形填空和英语口语部分。其中甲班和乙班就是前文提到的根据学生知识积累程度编班的名称。英语阅读总分为 45 分，完形填空总分为 15 分，口语总分为 20 分。经过半年的学习，甲班的成绩有所提升，平均成绩提升了 8%，其中阅读和口语提升的比重较大。乙班的学习成绩有了较大的提升，虽然在整体上略低于甲班，但是相比于入学时的成绩，极差已经大幅度缩小，说明其差距也在减小，总成绩提升了 25%，其中阅读和完形填空的成绩有了大幅度提升，口语成绩相对较低。这说明英语教学的改革方式符合“阶梯式整体拉动”的教学模式，以阶梯教学带动整体成绩的提高，小坡度对学生进行重点培养，缩小整体水平差距。

二、课程设置，必修选修兼顾

课程设置在人才培养模式的教学活动中处于中心地位，教育人类学家更加重视教育现实，从实际调查教育分析并总结发展教育约束的影响。在教学活动中使用什么样的教材、如何设置课程是研究的重要领域。合理的课程安排、完善的教学体系除了能帮助少数民族学生掌握和巩固基础文化知识、锻炼学生的实践能力，还能使学生具备顺利融入本科的学习水平，适应本科阶段的学习生活，更加顺畅地进行自主学习。这在一定意义上提高预科教育水平，使少数民族学生能够在社会的文化转型以及变迁中顺利适应。

表 5-2 武汉七所高校少数民族预科课程设置一览表

学校	一年制必修课	一年制选修课	两年制必修课	两年制选修课
Y校	阅读与写作、数学、英语、民族理论与民族政策、计算机基础	物理、化学、民族经济、创新与创造、心理健康教育、书法、中国文学	高级汉语、阅读与写作、数学、英语、民族理论与政策、计算机基础	无
Z校	现当代文学、应用写作、古典文学、汉语知识、高等数学、英语、政治、计算机基础、中国历史文化、地理、体育	书法、史记与文学、美学与艺术欣赏、哲学基础、经济学入门、化学与生活、物理、化学、数学文化、空间解析几何、英美文化概况、英美诗歌赏析、世界文化遗产旅游	无	无
F校	语文、英语、数学、计算机基础、形势与政策、物理、化学、体育	中国传统文化、升本指导与专业咨询、数学思想方法、数学文化	汉语精读、汉语阅读、英语、数学、计算机基础、民族理论与政策、体育、汉字书写、汉语写作	无
B校	语文、数学、英语、物理、化学、计算机基础、中国文化概论	无	中级汉语听说、汉语精读、现代汉语、英语、汉语阅读、数学、物理、化学、计算机基础、中国文化简史	无
N校	语文、数学、英语、物理、计算机基础、民族理论与政策	物理、化学、普通话、应用文写作、心理健康教育、爱国主义教育、法治基础教育、音乐艺术欣赏	语文、数学、英语、计算机、民族理论与政策	心理健康教育、爱国主义教育、法治基础教育、音乐艺术欣赏
H校	语文、数学、英语、计算机基础、民族理论与政策	物理、化学、中国近现代史、艺术赏析、书法	汉语精读、体育、数学、英语、计算机、汉语写作	物理、化学、中国近现代史、艺术赏析、书法
J校	语文、数学、英语、计算机基础、民族理论与政策	物理、化学、书法、音乐欣赏、少数民族文化知识	无	无

表 5-2 的数据均来自各学校的官方网站。我们可以看出，Z 校预科教育课程设置和学时安排都较为详细和缜密，学院的课程安排遵循了教育的基本规律，不仅考虑到学生的基本特点和特征，而且遵循统一要求与个人特点相结合的原则，加强预科学院的改进和创新，加强基础知识的传授，注重实践能力和创新思维训练，完善教学手段，丰富教学内容，加强预科课外实践，激发学生学习兴趣，让学生掌握本科专业的学习方法。Z 校预科教育学院的课程设置既体现民族预科教育的特性，又遵循了教育的基本特点，因材施教，为培养优秀合格的大学新生作了积极准备。

只看课程难以评价其合理与否，因此笔者还进一步与 Z 校预科教育学院的民族预科生进行了相关访谈。以下是笔者与预科学院学生的访谈截取，笔者简称 A，预科学院学生简称 W：

A：你觉得现在的所学的课程对以后会有帮助吗？

W：我认为是有帮助的。虽然学校给我们安排的课程有些是为了补习高中的知识点，但大部分还是以预习大学课程为主，比如英语、高数，还有计算机基础。听学长学姐说，学习了这些课程以后，在开展大学课程学习的时候就会容易得多，它们之间是有衔接性的。

A：你们认为有开设选修课的必要吗？

W：当然有，这好像也是我们学校的特色。我喜欢上书法课。选修课有助于增加我们对学习的兴趣。

A：那么你希望对哪些部分加以改进呢？

W：我觉得课时较多，经常会感觉时间不够用，并且对以后的专业选择有点迷茫，希望学校多开设和大学专业相关的课程，使我们有初步的了解。

Z 校预科教育学院在改革的过程中将必修课程和选修课程结合，关注并增强学生多方面综合素质培养，这一举措广受学生欢迎，极大地调动了学生的学习兴趣。但是学生在访谈当中除了表示对课程较为满意之外，还提出了一些建议，比如增加一点跟大学专业更相关的课程、对学生加强专业选择的指导，这些建议都是值得纳入考量并加以改进的。

三、教学方式，由单一到多样

Z校预科在教学方面不断加大改革力度。2004年，预科部对全部教学计划进行重设，对每一种类型的课程都设立了课程标准，并分为主干课程和非主干课程。2006年，预科部继续深化改革，坚持探索，将课程模式转变为必修课、选修课和任选课，采取了最新的教学模式，与大学本科教育接轨，并在选课形式上打通了文科和理科选课界限。预科部在教学改革的同时也不放松对科研的开展，取得了一定的成果。

Z校预科教育学院在长期的办学实践过程中形成了一套独立的、行之有效的教学方法，从最初的"漫灌式教学"转变为"滴灌式教学"，引导和鼓励学生进行研究型学习，改变传统教科书式的教学方式，转用问题教学法，即围绕中心问题，老师指导学生在课前收集相关资料解决问题，形成自己的知识体系，以便于在课上与老师进行沟通。这种教学方式与传统的教学方式有很大的差别，教学内容不仅仅局限于书本，还注重培养学生的自主学习能力以及知识经验获取能力，培养学生发现问题的意识，完美做到与大学的教学方式进行衔接，使学生提前适应本科的学习生活。如前文提到的，预科班根据学生的知识积累程度和综合特点进行分班教学，将学生分为基础班和进阶班两种形式。这一方式教学特点鲜明，针对学生的薄弱环节重点训练，发挥特点，尊重学生个性发展，形成鲜明的教学特点，并取得了较大的成效。由于学生的生源地分布广泛，教育资源分布也有较大差异，因此需要根据学生特点因材施教。许多少数民族学生由于中小学时期养成的学习习惯，难以适应现在的教学方式，主要体现在语言上难以适应，因此老师在讲课时会较为注重语速以及内容的讲解程度，并及时与学生交流，使学生及时反馈，从而让学生能尽快适应大学的学习方式。有许多少数民族学生来自偏远地区，语言沟通不是很顺畅，知识积累程度又较为薄弱，难免会产生自卑的心理，因此学院的老师们会在课余或者晚自修期间举行一些主题讨论活动，使学生自由发言、相互交流，了解学生的所需所想，从而更好地进行教育教学。同时以“支架式”教学为支撑，使学生在课堂上与老师进行互动，利用多媒体激发学生的学习兴趣，锻炼学生的自主学习能力。

四、管理评价，学分制的创新

在人才培养模式改革创新期间，预科学院出台了一系列较为成熟的管理制度以保障人才培养，使得在对预科学生考试、阅卷、评判和评价等方面有章可循，有法可依。

预科教育属于衔接式教育，目的是与本科教育进行有效衔接，充分利用本科学校的教育资源，在学制上进行创新，实行学年学分制，但并不是照搬本科教育培养模式，也不完全实行学分制，具有预科的鲜明特色；在机制上进行创新，把高等教育规律与预科教育特点和规律相结合，有力地促进了预科教育培养模式的创新[1]。近几年，Z校预科学院致力于管理评价制度的改革，并取得了较大的成效。以下是笔者与教导主任的访谈截取，笔者简称A，教导主任简称H：

A：预科学院目前采取的是什么样的管理制度呢？

H：目前我们学院采取的是双重的管理办法，由以前的单一领导管理转变为现在的班主任和院系领导双重责任制，这样可以更细致地对学生进行管理，也更容易随时了解学生的心理状态。这对提高教学质量也有显著的效果。

A：如何确保这种双重管理制度顺利开展呢？

H：为了确保其顺利执行，我们做了很多努力。首先是制定完善的规章制度，在制度上对其作出要求，从而进行规范管理。

A：采取的具体措施有哪些呢？

H：为了贯彻实施双重管理制度，我们做了一系列的改革措施。第一，院里每周都会在固定时间开班主任联合会议，对学生的各方面做一个综合

1　宋太成．民族预科教育课程体系改革初探 [J]. 民族教育研究，2006 (04): 90-96.

反馈和评定，比如他们近一周的思想状态、课堂表现、学习成绩等各方面的情况，然后我们和班主任会针对这些情况进行分析，对出现的问题及时提出解决的方案。第二，在新生入学的时候就对他们提前进行预备教育，便于管理工作更高效的开展，组织他们学习《学生管理手册》并进行考试，同时还要求学生制定自己的学习计划和目标，使他们在学习的时候方向更加明确。第三，运用学生干部融于学生群体的优势，发挥他们的作用，使学生干部、任课老师以及班主任保持密切的沟通，做好考勤工作，定期进行考察并且张榜公布，采取奖惩措施。第四，引进激励竞争机制，同学们相互监督、相互帮助，良性循环，不仅激发了学生对学习的热情，还调动了他们的积极性。

针对培养创新人才的目标，Z 校预科学院基于传统评估方法，继续探索新的评价方式，将评价方法从单一转向多元化。在评估范围内，预科学院调整了过去对结果评估过分重视的倾向，将过程评估纳入考核范围，通过平时课堂表现、课后作业、测验、课程论文等形式，对学生进行全方位的综合评估。在评估目的上，更加注重评价反馈，矫正和调节教学功能，如在课堂上及时反馈学习效果，既能提高学生自我评估能力，也能提高教师素质。而在评估方法方面，除考试外，还通过实践操作、提交论文、口语考试、成果展示等方法进行全方位评估，其中论文形式是全国首创，还受到教育部的高度赞扬。

第三节　创新“衔接型人才培养模式”的成效

一、办学经验受到认可

在 2015 年 4 月全国高等学校少数民族预科教育教学经验交流暨预科教育教学和管理指导委员会成立会议中，Z 校预科教育学院以素质教育为抓手，以能力培养为中心的办学经验和思路，受到了教育部民族教育司领导的高度赞扬和与会代表的一致认可。这一届的全国高等学校少数民族预科教育教学经验交流会在南昌工学院举行，教育部所属民族预科培养学校和预科教育基地、国家民委所属民族院校及部分地方高校共30多所学校参加了此次会议。在这次会议上，只有3所高校应邀做大会经验交流。作为会议的承办方和东道主，南昌工学院的李校长介绍了该校学生管理和服务的做法。北京邮电大学民族教育学院院长汇报了该院分层教学的经验。Z校预科教育学院院长作了以《以素质教育为抓手，以能力培养为中心，全面推进预科教育教学和管理再上新台阶》为题的典型经验介绍。他在发言中重点介绍了Z校预科教育教学经验，如适当控制总学时，给预科学生留出适度的自主学习的时间；大量开设了选修课和讲座课程，扩大学生视野；针对部分预科生数学和外语基础较差的实际，开设了《数学基础与训练》《基础英语》课程；注重结业生跟踪，连续多年到预科生目标学校了解预科结业生在本科的学习情况和这些学校的意见建议；重素质教育、能力教育，增加结业论文实践教学环节等，并对预科教育如何更好发展提出了若干建议。

Z校的这些做法和经验，受到了教育部民族教育司领导的高度赞扬。刚刚履新的教育部民族教育司司长毛力提·满苏尔在讲话中强调，Z校瞄准本科的发展方向来思考预科教育教学改革，抓好素质教育和能力培养，为本科输送高素质人才，这种做法是很好的；让预科生写结业论文，这也是首创，提高了预科生的综合能力，较好地解决了预科与本科如何衔接这个问题，这些做法值得认真总结。民族教育司原司长阿布都在讲话中指出，提高学生的思维能力和写作能力，让预科生养成自主学习的良好习惯，Z校的做法是很好的，走在全国前列，符合即将召开的第六次全国民族教育工作会议精神。这种能力的培养还应该更早些，高中、初中都可以借鉴。

在这次会议上，Z校预科教育学院院长、预科教育学院教师等38人被教育部聘为高等学校少数民族预科教育教学和管理工作指导委员会委员，并接受了教育部颁发的聘书。

二、招生质量提高

Z校民族预科的生源质量在近几年里有了很大的提高。民族预科教育实施的直接原因是少数民族学生因语言文字障碍、文化水平低而无法跟班学习的现实，其生源来自参加高考的“适当降分、择优录取”的少数民族学生。但是，由于近些年我国经济水平持续发展，国家对民族地区教育投入的加大，少数民族学生文化素质大大提升，Z校预科生的生源质量有了很大提高，大部分都已达到一本成绩或者高于重点线许多（见表5-3），生源质量趋好。一方面说明国家在发展和提高民族地区经济、文化以及教育水平方面，取得了一定成绩；另一方面也给当前的办学单位提出了新的挑战，要求民族预科教学管理制度、课程结构体系、师资队伍建设等方面都同步进行改革，从之前的单一补习式教育变为走向高等教育的适应性教育。

表5-3 Z校预科教育学院近四年上一本线学生人数比例

年份	上一本线人数 / 人	上一本线的比例 /%
2013	113	66.5
2014	122	73.2
2015	131	76.3
2016	150	86.5

数据来源：Z校招生信息网

三、学生实践创新能力显著

Z校预科学院假期社会实践也是从往年没有申报项目到近两年几十个团队申报，同学们参与社会实践的热情高涨，并且也取得了较好的成果。通过假期进行社会实践，同学们在这一过程中更好地认识自我、了解社会，为将来走向社会打下基础。

辅导员Y老师说，为了丰富同学们的寒假生活，在寒假中能够不断地进行学习，在实践中得到成长，Z校预科学院积极组织学生参与以“建设伟大祖国建设美丽家乡”为主题的社会实践活动，分别围绕“陪伴亲朋，建设家庭社区”“认识思路，感受民心相通”“礼敬中华，弘扬传统文化”“风俗调研，传承民族文化”“服务社会，开展志愿行动”“母校回访，搭建交流平台”内容开展。同时，还开展寒假社会实践团队项目成果展示会，所有参与社会实践的团队项目负责人齐聚一堂，进行分享学习。

展示会中，社会实践项目负责人依次采用PPT、视频等形式展示了各小组的寒假社会实践内容、感悟体验等。同学们进行的社会实践分别围绕回访母校、与在校同学分享大学生活或者开展志愿活动、照顾敬老院的老人开展。不管是参与何种社会实践活动，同学们都切身感受到了生活的来之不易以及亲自实践的重要性。通过展示会，大家也感受到了每个团队收获的感动和成长。Y老师还说，领导和老师们就此次寒假社会实践活动项目成果展示进行了总结和细致的点评，对PPT展示、项目内容等提出了建议，同时鼓励在座的学生践行社会主义核心价值观，积极参与寒暑假社会实践活动，在最后也肯定了此次项目成果展示中每位团队优异的表现。

社会实践活动项目成果展示会使同学们更好地交流了彼此的实践经历，也加强了对社会实践活动的认识。据了解，本次项目成果展示会后，学院将就此次社会实践过程中涌出的优秀团队的先进个人进行院内表彰，并开展社会实践交流座谈会，对整个社会实践活动进行一个总结，以利于以后的社会实践活动的开展。

四、学生课外活动成绩突出

在与Z校预科学院老师和学生进行访谈的过程中，笔者了解到学生除了学业成绩在近几年有较大的突破之外，其课外活动成绩也较为突出，尤其是在足球比赛中屡夺第一，其竞争对手则是本科各院系。例如预科教育学院足球队在2016年的学校足球联赛中表现极为抢眼，在整个联赛中保持全胜战绩领跑。

除了足球比赛，篮球方面的成绩也较为抢眼。预科学院在学校的男篮比赛中曾取得三连胜的战绩。在篮球赛开始之前前，预科学院篮球队队员信心满满，认真地为即将到来的球赛准备。随着一声哨响，双方队员迅速进入状态，像离了弦的箭，在赛场上挥洒着青春的激情。全体运动员发扬着团队协作、顽强拼搏的体育精神，以高昂的斗志、高超的球艺赛出了各自的风采，充分展示了Z校预科学院的精神风貌，体现了预科男篮顽强不息的精神。球队队员们用汗水换来了赛场上的胜利，观众们也一饱眼福，观看精彩的篮球对决。这是校园丰富的学生活动的一个缩影，也是同学们多彩大学生活的一个美丽篇章。这些丰富多彩的课外活动激发了预科生的学习动力，也充分体现了预科生突出的课外活动能力。

五、教师教学科研效果提升明显

Z校预科自成立以来，先后有近80名教师在这里工作过。其中有3名正教授，60名副教授，他们均是来自学校各部的教学科研及管理的优秀教育工作者，参与并主持了多项教学科研的活动，发表了多篇论文，编写了大量教材，参与了多项学术研讨会，并获得国家级、省级各类奖项。2016年11月，预科学院院长及老师参加了由教育部高等学校少数民族预科教育教学和管理工作指导委员会委托N校承办的、在N市召开的本科预科《民族理论与民族政策》课程教学大纲骨干教师培训班学习研讨，主要内容有传达和学习中央关于民族理论与政策最新论述和有关精神，介绍新修订的《民族理论与民族政策》课程教学大纲背景、主要精神，讲授其主要内容及重点难点，研究和探讨《民族理论与民族政策》教学改革和创新方法等。受教育部民族教育司的委托，教育部高等学校少数民族预科教育教学和管理工作指导委员会于2016年5月12—14日在X校举办本科预科英语课程教学大纲骨干教师培训班，培训内容主要有新修订英语教学大纲宣贯、英语教学经验交流探讨及研究制定2016年英语结业会考考试大纲等。Z校预科学院英语教研室主任和骨干教师参加了培训班学习交流并获培训结业证书。据不完全统计，这些教育工作者一共撰写并出版了近200篇的学术论文，还参加了教育部的教材编写，出版了4部预科指定教材。预科学院曾组织教师主编全国第一部预科通用教材，包括《立体几何》《平面解析几何》《微积分学》等内容。预科部参加了由教育部、国家民委联合召开的全国民族预科（阅读与写作）教材研讨会，并决定预科部有关教师参加教材的编写工作。近几年来，预科学院参加过国内各级各类学术研讨会 30 多人次，并在会上进行论文交流，其中有两篇论文分别获省级二、三等奖[1]。

第四节 人才培养模式创新存在的问题及制约因素

一、人才培养模式创新中的问题

（一）培养目标群体还需明确，价值取向缺失

民族预科教育实施的直接原因是某些少数民族学生因语言文字障碍、文化水平低而无法跟班学习的现实，其目标群体是具备特定条件的一部分少数民族高中毕业学生，但现在的招生情况却越来越偏离国家制定政策的初衷。笔者在调研中发现，老师和同学们都表示选择预科很大程度上是因为通过在预科多一年的学习可以进入更好的学校或者有利于选择更热门的专业，获取更多政策上的优惠。预科逐渐变成了钱和权的竞争，而那些真正需要受到预科教育的学生却被现实拒之门外。以下是笔者与 Z 校老师的访谈截取，笔者简称 A，Z 校老师简称 M：

A: 您认为我国办预科的目的是什么呢?

M: 我认为国家的初衷是为了照顾教育较落后的少数民族学生，实行降分政策，所以从最早提出降 20 分，后来变为降 80 分。但是经过多年发展

1　李春光 . 中南民族大学 : 预科走内涵式发展道路 [J]. 中国民族 , 2004 (06): 59-60.

慢慢变味了，很多家长和学生为了选个好学校或者热门专业，宁愿选择先读一年预科。现在许多高校录取预科生基本都不用降低分数线，好的学校的学生甚至直逼重点线，很多大省甚至直接出现超过重点线的情况，比如广西。

A: 只是把预科作为进入好的大学学习的跳板吗？

M: 可以这么说，有相当大一部分这种情况存在。国家办民族预科就是为了照顾民族地区教育比较落后的地区，在政策上给予他们一些倾斜，但是现在高校招进来的预科生很多在高中就读的学校就是省重点高中，生活的地方也基本都在城市。这样就占用了真正需要预科教育的学生的名额。

A: 那么，您觉得学生中来自教育落后的少数民族地区或者边远山区及牧区的学生比例有多少呢？

M: 特别特别少，因为有分数线在那儿摆着，教育太落后的地区，学生也考不过来。

对少数民族预科生在高考中实行降分录取等优惠政策是我国民族政策体系中的重要内容，这一政策实行了十几年，对整体提高我国少数民族受教育水平、培养高素质少数民族人才起到了很好的促进作用。但是民族预科招生政策在尊重民族差异、注重群体平等的前提下，忽视了个体间的平等，引发了貌似教育公平政策下的教育不公平现象。特别是随着市场经济的转型、少数民族内部阶层的分化及享有基础教育资源程度不同、劳动者收入差异的扩大，这一简单按单一民族“身份”实施优惠的政策，逐渐显露出不完善的方面。因此，民族预科招生政策必须适应新的历史条件而做出适当的调整，既要维护民族平等也要促进个体平等。在民族预科招生中，如何从单纯以民族成分进行划分，到兼顾以民族间的地域差异、经济水平差异、文化差异、社会阶层差异以及少数民族受惠群体融入主流社会程度的差异进行划分。

（二）培养过程还需完善，学分制贯彻不彻底

由于民族预科生来自各个不同的民族地区，文化水平差异较大，在统

一教学时会出现一定的困难。比如有的学生偏科较为严重，有的学生则是总体成绩偏低，学生之间的文化差异较大。另外，由于一部分学生在进入预科之前，学校所采取的教学方式是用民族语言教学，因此在进入预科之后，由于不适应语言环境，从而给学习和生活带来困难，学校又不太注重语言这一方面的学习，长此以往，学生学习的积极性会被打消。Z校的民族预科生基本都是高中应届毕业生，他们的身心已基本发展成熟，具有一定的生活能力和独立性，具备了接受高等教育的综合条件。但由于地域、家庭、文化习俗等各方面因素的影响，他们与内地的普通大学生相比，在知识技能的掌握上稍显不同步。但他们在自身发展上显得更有特色和特点。少数民族学生大多淳朴热情，以具象思维为主，待人接物热情奔放，学习上遇到挫折不易坚持等等。因此，这对老师的要求就比较高，通常需要会民族语言又会普通话的专业老师进行教学。在教学活动中，应充分注意到少数民族学生的特点，进行针对性的训练，因材施教，提升学生的知识技能和实践能力。同时，在培养过程中不能一直着眼于不足的地方，也应充分肯定他们的优势与长处，开展各类课外活动，发挥他们的特长。

目前，学分制除了出现在大学校园，还出现在某些高中校园，但是学分制在高中校园比较难以普及，主要是因为与培养目标的冲突，并且作为学生家长来讲，并不主张这一制度的实施。学生家长大多着眼于学生考上一个好的大学，学好高考所规定的课程，对于以学分制实施的其他课程并未抱有积极态度，因此极大地限制了学分制在高中校园里的推行，更谈不上实施效果。这种情况也同样出现在预科教育中。有的学校虽然采取了学分制，但基本只是表面形式，并未实施贯彻。预科学生与高中生截然不同，预科生的升学压力相对于高中生来说要小得多，预科生是准大学生，有的甚至是带着专业来学习，对于他们来说，上大学只是时间的问题。因此，在课程的学习和选择上可以充分尊重学生的兴趣爱好，并根据大学相关专业进行设置，做衔接型教学，将学分制进行得更加彻底。如果可以的话，与本科院校进行有效衔接，将预科阶段产生的学分按照比例带入本科。民族预科教育学院几乎全部依附于高校，而这些高校又几乎无一例外地进行着学分制的管理与改革，为学生提供了大量跨专业选修课。预科教育学院可以充分利用本科课程资源，鼓励预科学生选修学校的跨专业选修课，共享学校的教育资源。

（三）管理评价还需提高，水平与程度失衡

Z 校民族预科办学以来，招生人数呈逐年增加的趋势。现有本校、华中科技大学和武汉理工大学等 3 所高校的少数民族预科班学生，曾为上海医科大学、中山医科大学、华东理工大学、华南理工大学、华中农业大学和中国地质大学等高校培养少数民族预科班学生。但由于这种情况，在学生的管理上有一定的难度。

民族预科教育下的少数民族学生是国家民族教育政策的受益者，也是同龄人中的幸运者，更是未来民族地区建设中的中坚力量。他们面临的是从来不曾有过的历史机遇，也担负着伟大的历史使命。但从目前状况看，由于学校与学生自身的双重因素，不少接受民族预科教育的学生仍然没有把自己所有享受的优质教育资源与民族地区今后的发展结合在一起，对自己面临的历史机遇和使命认识不足。由于民族预科采取的是事实上的“降低标准”的录取政策，导致一些学生在本身文化基础只是较差的同时，又用降低标准的尺度来衡量自身，存在被照顾的消极心理。这种负面心理所产生的副作用会延续到民族预科甚至整个大学的学习期间。在对 Z 校预科学院的学生进行问卷调查的研究中，有三分之一的学生在不同程度有“自己是少数民族预科生，学校会适当放宽要求，成绩不好也能够结业”的想法。民族预科集中办学以来，学生的学籍在录取高校，培养单位在对学生的管理上，经常出现“名不正，言不顺”的情况，许多问题都得与录取学校沟通，工作难度大，效果差。学生则因为缺少对委培学校的认同感，认为自己不是委培学校的学生，不愿意配合委培学校的日常管理，使学校在管理上增加难度。教师在日常管理和课堂教学中对少数民族学生情感态度的忽略也普遍存在，这导致学生缺乏安全感和归属感。

通过对 Z 校预科学院进行实地调研，笔者认为，作为一所全国较好的

民族大学，Z 校的预科教育教学效果是有成效的，这一年中的确使学生收获了很多。但是，从管理评价体系价值实现与否的角度看，其有效性却不得不令人质疑，主要表现在预科教育的考核不力，无法从教育质量上矫正不平等。《办法》中规定，“未取得预科结业证书者，退回生源地区”[1]，事实上却几乎没有通不过的。笔者调查的 Z 校预科学院，近四年来只有两名学生被退回原籍，而且不是因为成绩不合格，是因为旷课过多。不仅 Z 校，很多学校毕业率、升入本专科就读率都是 100%。因此，不少人对预科教育培养质量产生怀疑。当然，这不是说必须要求只能有一定比例的学生毕业，也不是怀疑少数民族学生的学习能力，但预科教育毕竟不属于义务教育阶段，而是高等教育的特殊层次，所以学生不能全部毕业是常态，全部毕业就是非常态了。如果不求实际质量，只是追求形式上的数字政绩，这一政策能真正实现对不平等的矫正吗？

二、人才培养模式创新中的制约因素

（一）国家层面预科教育政策选择

对少数民族预科生在高考中实行降分录取等优惠政策是我国民族政策体系中的重要内容，但这一简单按单一民族“身份”实施优惠的政策，逐渐显露了不完善的方面。因此，民族预科招生政策必须适应新的历史条件，做出适当的调整，既要维护民族平等，也要促进个体平等。

20 世纪 80 年代以来，中国社会经历了剧烈的社会转型，不仅带来诸多的社会问题，也对民族教育政策及其实施带来极大的挑战。它不仅体现为关于政策平等取向的争论，还表现为政策及其实施方面遇到的挑战。首先是社会结构的变化。随着社会变迁，经济结构的变化引起传统社会关系网络的变化，导致社会结构发生变化。这些在民族教育政策中表现为：随

1　中华人民共和国教育部 . 教育部关于印发《普通高等学校少数民族预科班、民族班管理办法（试行）》的通知 [EB/OL].[2005-06-03](2018-7-21).http: //www. moe. gov. cn/srcsite/A09/moe_751/200506/t20050603_77872.html.

着社会竞争加剧，高考招生更为强调技术性选拔和群体享受民族教育政策程度，越是人口多、教育发展程度较好的少数民族群体享受优惠政策程度越高。这些对民族教育政策提出一系列挑战。

（二）会考制度影响发展个性差异

2015年6月，教育部对预科生的结业方式进行了改革，首次实施了会考制度，其目的是为规范少数民族预科教育的教学，提高少数民族预科的培养质量，为各大学输送更优秀、更加合格的新生。对于学校教师和学生来说，这种会考形式是一把双刃剑，它的好处在于在一定程度上让学生对学业更加重视，加大了预科教育教学管理投入力度。而劣势在于，假如会考仅仅是一个形式或是走过场，会考试题难易程度的设置并未照顾到学生的差异性，不将其纳入学生整个预科教育的测评体系，就有点画蛇添足的意味，失去了原本的意义。

以下是笔者与Z校预科学院管理者的部分对话，笔者简称A，管理者简称Y：

A：会考如果不通过会怎样？

Y：目前还没有出现会考没有通过的情况，但按照制度来说，如果没通过是不能顺利毕业的。回去重新准备下年的高考？这基本不可能。本来这个预科政策就是为了帮助学生进入更好的学校，如果重新高考，那么这个政策就毫无意义，只会耽误学生的青春。

A：那么会让学生再读一年吗？

Y：再读一年预科？这也不太可能。因为目前为止并没有文件提到再来一年，而且从学校来说为了学生好也不想再多留一年。至于别的可能我也想不到，我认为这个会考应该不会对大家进入目标院校有影响（而且有不少人已经定了专业）。再者，全国各地预科水平有所差别，会考的难度肯定较为简单，大部分人都能通过，所以大家不必太担心。无论如何，学生还是应该把必修课程学好。

A：那么您赞成会考制度这种形式吗？

Y：从我们学校的情况来看，会考有点画蛇添足了，并且每年准备会考会浪费不少人力物力，教师和学生会花费大量的精力在这个考试上，而我们真正学习的时间也就一年，浪费资源的同时还干扰了学校的办学自主权。对于学生来讲，也不利于他们的个性发展，会考的性质没有体现出民族预科应有的特点。

从访谈来看，校方并不太赞成预科会考制度，认为预科会考制度弊大于利，不仅影响学生个性发展，还会给学校带来一定程度的资源浪费。当然，如果会考制度能照顾到预科生的特点就是另一回事了，那样不仅能提高人才培养质量，还能使各个学校民族预科办学多多加强沟通。

（三）民族预科教育研究滞后

就现有文献所涉及的内容看，民族预科教育研究在学术上是一个非常年轻的领域。与中国高等教育和民族高等教育研究相比，关于高校民族预科教育创新及相关研究的成果寥寥无几，对于亟待发展的民族预科教育，明显缺乏理论的探讨与准备，尤其在研究的深度与广度都远远不够。20世纪90年代以前，关于民族预科教育研究集中在两个方面：一是有关高校对所设民族预科教育机构概况的简略介绍；二是对党和国家有关民族教育政策条文内容概括，或作为党和政府的优惠政策加以阐释。20世纪90年代以来，对民族预科教育的研究相对增多起来。但是，现有成果对民族预科教育的创新改革还缺乏深入、系统的研究，更没有从人才培养模式的视角进行专门探讨。

以《中文科技期刊数据库（全文版）》为文献数据源，通过对1981—2017年国内民族预科文献进行计量分析后发现，我国民族预科教育研究文献的年均发文量比较低，研究力量还较薄弱，从汉语教育、教育学和社会学三个视角研究的文献量远远多于其他视角的研究，对心理学、管理学等学科研究的文献量最少（见表5-4）。

表 5-4 1980—2017 年民族与教育学术论文统计

数量	社会学	教育学	心理学	管理学	汉语教育	英语教育	其他	合计
篇数 / 篇	244	270	62	100	308	90	172	1246
百分比 /%	19.6	21.7	5	8	24.7	7.2	13.8	100

数据来源：《中文科技期刊数据库（全文版）》

因此，从现有成果可看出我国对民族预科教育的研究还是缺乏力度的。从研究的内容来看，主要集中在对民族预科教育的历史梳理、对民族预科教育课程设置的探讨以及对民族预科教育教学方法的运用上，对民族预科教育进行改革创新的研究相比之下却少得多。

第五节 进一步推进民族预科人才培养模式创新的建议

一、有效实现民族预科培养目标价值

国家创办预科教育的初衷是为了以一种不公平的政策倾斜实现教育公平的理想。但是现在越来越多的学生只是把少数民族预科当成进入重点大学的“跳板”，阻碍了教育公平的实现。要使预科培养目标价值有效实现，首先应严格审核生源地。建议预科招生采取和高考报名一样的办法，均采用网上报名，因为有的地方信息落后，学生接触不到报名的渠道。在学生填报信息之后，应对生源地以及原生高中进行严格审核，真正遵守国家政策，重点招收偏远山区、高寒地区、牧区的少数民族学生，适量招收散杂居的教育落后的少数民族学生。在进入大学之后，再进行一遍筛查，对于弄虚作假的学生应采取类似针对高考移民的同样的惩罚措施，层层把关，

这样才能有助于教育公平的真正实现。民族预科招生群体着重于偏远、教育落后的民族地区，因此学费也是学生们非常在意的问题。要真正解决他们的后顾之忧，就需要对奖助体系进行完善。要真正落实国家相关政策文件的规定，由上级部门命令招收预科生的学校完善奖助制度。即使不能为预科学生设立特殊的奖助体系，至少应该将他们与本科学生一视同仁，使预科学生在学校也同本科生一样享有助学贷款的资格，并且也有资格凭借自身努力获得他们本校和企业的各种奖助学金。

对民族预科招生政策进行动态调整，使之真正适应民族预科发展的需要。民族预科教育出现的一些问题和当前招生政策还是有很大关系的。现如今，少数民族经济发达地区和内地经济发达地区的差距在逐渐缩小，而其他少数民族落后地区的和内地其他地区的差距却在加大，以省、自治区为单位的统一招生，会导致最需要民族预科教育的地区得不到帮助。因此，要动态调整民族预科招生政策，例如按地区招生、定向委培等形式[1]。这种调整是动态的微调，要经常进行下去。

二、完善会考制度

会考的目的及意义是为了规范民族预科的教学行为和管理工作，做好本专科预科教育与本专科教育的衔接，确保预科学生政治合格、学业达标，为大学输送真正合格的优质新生。毫无疑问，学生是教育的主体。预科会考条例颁布之后，学生的关注点在于会考的难易程度和如果不通过是否就真的进入不了本科学习。那么，如果不论通过与否都能进入本科，其存在的意义在哪里？在都通过的情况下，分数高与分数低有何区别？要有相关政策出台，是末位淘汰，还是递减招生，而递减招生和预科学生也没有太大关系，因此学生对此无所谓。那么，怎么才能让学生重视、行动起来，投入良好的学习状态中，是我们不得不认真思考的问题。

1　朱广宇，蒋永红．科学发展少数民族预科教育 促进各民族共同稳定发展 [J]. 中国高等教育，2015 (Z1): 59–61.

如前文所述，少数民族招收政策是党的国策。被录取的学生付出了十几年的努力考入高校，作为学校和培养主体，不愿意一个学生掉队，因此采取末尾淘汰制度不太现实。要想提高会考的有效性，体现其价值，应将会考纳入学生的综合测评体系，实行分层会考，对于不同地域的不同预科生采取分层考试，成绩纳入全学年总成绩，以这个测评体系决定学生的专业选择。如此也可以使老师在教育教学中获得成就感，从而不断提高和改进教学能力。民族预科教育一直是在夹缝中生存的地位，有许多值得研究和改进的问题，充满了挑战与机遇。预科的教育教学在某种程度上比本科更具挑战性，将学生的综合素质提高，才是教育真正的水准，才能体现教育的意义。因此，全国预科试行会考，能够有效提高教育教学以及人才培养的质量，也会使各方面的投入增加。但为了让预科生通过一年预科阶段的学习，实现一生中最重要的转折，受访者均表示愿意付出精力和时间，积极应对会考，同时期望会考改变流于形式、实行一刀切、使用一个评判标准、不分层组织的做法。另外，会考不解决好学生分专业的核心问题，是没有多大实质意义的。因此，愿会考能真正提高民族预科教育教学质量，使各界认真关注民族预科教育，对民族预科教育高度重视，使从事民族预科教育的一线工作者真正得到锻造。

三、加强对民族预科教育的研究

随着民族预科教育规模和影响力不断扩大，相比之下，目前对国家预科教育的研究却不多，这也是预科教育发展陷入瓶颈期的主要原因。目前，课程设置是预科教育要解决的问题。由于预科教育的培养目标不同，学生之间的差异也较大，所以在课程设置上要体现多样性。这需要一批研究者致力于民族预科教育，针对不同情况下的预科教育学习，制定适当的课程。除了不断发展教育，对民族预科教育进行改革发展还需对民族地区的发展变化加以研究，考虑民族地区的实际情况，根据学生的实际，改变教学内容的形式以及招生政策。

建议有关部门严格执行国家政策，贯彻党的民族教育理论与民族政策、从构建和谐社会的角度出发，把少数民族预科教育纳入整个民族教育的视野中加以实践和研究，集中探讨预科教育现阶段遇到的问题以及困难，成立对民族预科教育改革与发展具有重大理论和实践意义的课题，组织一些院校的专家学者进行共同研究，填补民族预科教育领域理论研究的空白。只有加强了对民族预科教育的研究，才能进行下一步的实践，从而更好地发展民族预科，为国家培养更为优秀合格的少数民族地区的人才。

四、提升民族预科教育理念

要体会到民族预科教育的重要性，意识到民族预科教育对加快民族地区的发展有着至关重要的作用。《办法》要求民族预科办学要形成规模化，为了最大限度为学生提供最好的教育资源，尽可能地集中化办学[1]。但是有一部分高校只是看到眼前利益，为了获得经济效益，争取生源，而并未意识到办民族预科是为了促进民族地区的发展，为了维护各民族的团结、增强可持续发展。还有一部分有资格办民族预科的高校并不乐于开班，认为办民族预科不如发展本科教育和研究生教育，对民族预科的地位并不是很认可。因此，应该提升民族预科教育理念，使更多的招生单位能够对其加深了解，明白办民族预科的重要性及其意义，找到自己合适的位置。虽然民族类高校在培养预科人才方面的经验较丰富，但是随着社会的发展，国家要求的人才培养目标也有了较大的变化，开办民族预科的高校应该及时作出调整以适应时代的需求。由于民族预科生源分布范围广，生源质量的差别也较大，因此培养目标是多种并存的，高校不能以同一对待不同，人才培养模式需多元化，尤其是现在的民族地区教育质量在逐渐提高，预科生源质量也明显提高，因此高校过去的人才培养方案已经无法满足现在人才培养的需求。在一些民族预科办学经验缺乏的高校，教学方法缺乏针对性，在课程设置上不够完善，直接导致预科生培养质量下降，不能为高

1　中华人民共和国教育部．教育部关于印发《普通高等学校少数民族预科班、民族班管理办法（试行）》的通知 [EB/OL].(2005-06-03). http: //www. moe. gov. cn/srcsite/A09/moe_751/200506/t20050603_77872.html.

校输送合格的本科新生，教师在开展教学活动时也会受到限制。还有一部分高校受其他重点高校的委托，将预科生的培养任务集中委托在一所高校，这种集中办学可以使预科生在一定程度上享受较好的教育资源，但同时也会给委托高校带来一定的管理方面的问题。因此，如何处理好这之间的关系也是值得研究的问题。民族院校在民族地区的认可程度较高，其在民族预科方面的办学经验也较为丰富，生源质量通常比较好，在人才培养目标上可偏向“预”，而一些生源质量相对较差的高校可将侧重点倾向于“补”。高校在加大改革力度的同时还需使办学自主权下放，要完善入学管理制度，并赋予二级学院一定的自主权。目前，高校实行学校、院系二级管理，不断增加两个管理部门的自主权。由于高校职能部门主要为本科教育和研究生教育，有时候会难以兼顾到预科。所以面对这个特殊的教育层次，学校应该考虑到其特性与特点，在不违反规章制度的前提下尽可能权力下放，使民族预科在采取改革创新措施的时候能够更加快捷高效。

参考文献

一、著作类

[1] 易先培 . 中国高等学校少数民族预科及民族班教育研究 [M]. 北京 : 红旗出版社 , 2010.03.

[2] 吕炳丽 . 我国少数民族预科教育发展回顾和若干现实问题研究 [M]. 北京 : 中央民族大学出版社 , 2013.07.

[3] 敖俊梅 . 民族教育政策文化分析 : 以民族预科教育政策为线 [M]. 北京 : 教育科学出版社 , 2013.12.

[4] 舒新城 . 中国近代教育史资料 [M]. 北京 : 人民教育出版社 , 1981.03.

[5] 邬沧萍 . 转变中的中国人口与发展总报告 [M]. 北京 : 高等教育出版

社，1996. 03.

[6] 中南民族大学校史编纂委员会．中南民族大学校史(1951—2011)[M]. 武汉：湖北人民出版社，2011.09.

[7] 李维．国际教育百科全书(第6卷)[M]. 贵州：贵州教育出版社，1991.01.

[8] 班克斯．文化多样性与教育：基本原理课程与教学[M]. 上海：华东师范大学出版社，2010. 06.

[9] 克拉克．高等教育新论——多学科的研究[M]. 王承绪，徐辉，郑继伟，等译．杭州：浙江教育出版社，2001.01.

[10] 布尔迪厄．国家精英——名牌大学与群体精神[M]. 杨亚平，译．北京：商务印书馆，2004.09.

[11] 马克思，恩格斯．马克思恩格斯全集[M]．中共中央马克思恩格斯列宁斯大林著作编译局，译．北京：人民出版社，2016.10.

[12] 克尔．大学的功用[M]. 陈学飞，陈恢钦，周京，等译．南昌：江西教育出版社，1993.10.

[13] 福尔．1945年以来的德国教育：概览与问题[M]. 肖辉英，陈德兴，戴继强，译．北京：人民教育出版社，2002.10.

[14] 滕星，王铁志．民族教育理论与政策研究[M]. 北京：民族出版社，2009.05.

二、期刊类

[1] 艾比布拉·胡贾．进一步办好民族预科教育，培养更多的少数民族人才[J]. 民族教育研究，2007(04)：98 –102.

[2] 白逸仙．建构主义学习理论与创业型工程人才培养——英美高校人才培养模式变革的案例研究[J]. 高等工程教育研究，2014(05): 46–51.

[3] 陈骏．创新人才培养模式 全面提升教学质量[J]. 中国大学教学，2015(01): 4–6+19.

[4] 陈厚丰 , 谢再根 . 论大学创造性人才培养模式的构建与实施 [J]. 江苏高教 , 1999(04): 43- 46.

[5] 董泽芳 . 高校人才培养模式的概念界定与要素解析 [J]. 大学教育科学 , 2012(03): 30-36.

[6] 费孝通 . 中华民族的多元一体格局 [J]. 北京大学学报 (哲学社会科学版), 1989(04): 3-21.

[7] 冯建新 , 张静 . 民族预科教育会考模式改革研究 [J]. 民族高等教育研究 , 2016, 4(01): 7-11+93.

[8] 葛大汇 . 预科证书与终身教育—— 法国基础教育考察分析 [J]. 上海教育科研 , 2003(09): 34-36.

[9] 龚怡祖 . 略论大学培养模式 [J]. 高等教育研究 ,1998(01): 86-87.

[10] 眭平 . 基于应用创新性人才培养的创新教育实践 [J]. 中国高教研究 , 2013(08): 89-92.

[11] 顾佩华 , 沈民奋 , 李升平 , 庄哲民 , 陆小华 , 熊光晶 . 从 CDIO 到 EIP-CDIO—— 汕头大学工程教育与人才培养模式探索 [J]. 高等工程教育研究 , 2008(01): 12-20.

[12] 康晓卓玛 . 当前我国民族预科教育政策执行中的困惑及其对策 [J]. 西南民族大学学报 (人文社会科学版), 2013, 34(02): 223-226.

[13] 甲尕 , 叶来・叶尔扎提 . 民族院校预科教育管理探索—— 以西南民族大学为例 [J]. 西南民族大学学报 (人文社科版), 2005(04): 365-366.

[14] 卢炳惠 . 西部大开发背景下民族预科教育的定位及意义 [J]. 湖南社会科学 , 2008(04): 162-164.

[15] 林锋 , 席晓靖 . 当代预科教育综述 [J]. 北京邮电大学学报 (社会科学版), 2007(04): 55-58.

[16] 李春光 . 中南民族大学 : 预科走内涵式发展道路 [J]. 中国民族 , 2004,(06): 59-60.

[17] 刘贵芹 . 创新高校人才培养机制的探索与思考 [J]. 中国大学教学 , 2014(10): 4-8.

[18] 李娜．高等学校民族预科教育政策的价值选择与实现——基于中央民族大学预科学院的实证研究 [J]. 高校教育管理，2011, 5(06): 32–37.

[19] 刘红梅，张晓松．21 世纪初高教人才培养模式基本原则探析 [J]. 齐齐哈尔医学院学报，2002(05): 589–590.

[20] 林金德．集中办学：广西民族预科的一个模式 [J]. 中国民族，2004(06): 61–62.

[21] 李志义．谈高水平大学如何构建本科培养模式 [J]. 中国高等教育，2007(Z3): 34–36.

[22] 潘懋元．高等学校的社会职能 [J]. 高等工程教育研究，1986(03): 11–17.

[23] 钱民辉．建设和谐社会离不开和谐的民族教育 [J]. 西北民族研究，2005(04): 56–61.

[24] 束锡红，马宗正．试论西部大开发中的民族预科教育 [J]. 宁夏大学学报 (人文社会科学版), 2004 (05): 92–95.

[25] 任淑媛．普通高校少数民族预科会考问题探析——以宁夏大学民族预科教育学院为例 [J]. 文教资料，2015(24): 114–115+152.

[26] 饶世权．论思维科学视域的科技创新人才培养 [J]. 科技管理研究，2007(10): 217–218+221.

[27] 王伟廉．人才培养模式：教育质量的首要问题 [J]. 中国高等教育，2009(08): 24–26.

[28] 韦鹏飞．造就少数民族高级人才的金色桥梁——普通高等院校少数民族预科教育 60 年的回顾与展望 [J]. 中国民族教育，2009(10): 17–19.

[29] 徐理勒．论联邦德国高等工程教育的发展趋势和改革措施 [J]. 外国教育研究，2002(04): 42–45.

[30] 俞信．对素质和人才培养模式的基本认识 [J]. 高等工程教育研究，1997(04): 9–11.

[31] 严玉明．21 世纪少数民族预科教育的改革与发展 [J]. 中央民族大学学报，2003(02)33–38.

[32] 张广君 . 民族预科教育的基本定位、基本属性及其研究 [J]. 宁夏大学学报 (人文社会科学版), 2004(05): 85–87.

[33] 张晓勤 , 欧阳常青 . 新形势下民族预科教育的定位及课程设置探究 [J]. 广西民族大学学报 (哲学社会科学版), 2008(01): 179–184.

[34] 张文皎 . 教育国际化与人才培养模式变革 [J]. 教育与职业 , 2006(26): 20–22.

[35] 朱广宇 , 蒋永红 . 科学发展少数民族预科教育 促进各民族共同稳定发展 [J]. 中国高等教育 , 2015(Z1): 59–61.

[36] 丁刚 . 国内外人才培养模式的类型及其对行政管理专业创新型人才培养的启示 [J]. 中国轻工教育 , 2015(02): 80–82+96.

[37] 唐善茂 . 创新人才培养应注重个性化发展与多样化教育 [J]. 中央社会主义学院学报 , 2006(03): 56–60.

三、学位论文

[1] 王晓辉 . 一流大学个性化人才培养模式研究 [D]. 华中师范大学 , 2014.

[2] 杨继成 . 教育公平视角下的我国民族预科教育实证研究 [D]. 宁夏大学 , 2015.

第六章 民族预科教育课程建设质量审视

第一节 民族预科课程建设概论

一、民族预科课程的内涵

（一）民族预科教育

民族预科教育包括研究生预科教育、本科预科教育以及专科预科教育，本书研究的主要是本科预科教育。民族预科教育是高等教育预备性教育的一种特殊办学形式，任务是向本科培养能够适应本科专业学习，德、智、体、美全面发展的合格的少数民族学生。从新中国成立初期开始，我国各民族院校开始陆续开办少数民族预科班，培养了大批少数民族干部和人才，逐步建立起了中国少数民族预科教育体系。创办民族预科教育对于促进民族高等教育发展、增强民族团结、促进民族地区共同繁荣与稳定以及可持续发展、维护国家统一和民族团结进步事业发展具有重要作用。

民族预科教育的对象是少数民族地区的学生，由于少数民族地区的教育程度不高，因此需要其在进入大学前接受一至两年的预科教育，教学的侧重点在于怎样与内地大学的教育接轨，语言和基础课是其教学的重点[1]。

（二）课程

从育人目标的角度看，课程是一种培养人的蓝图；从课程内容的角度看，课程是一种适合学生身心发展规律的、连接学生直接经验和间接经验的、引导学生个性全面发展的知识体系及其获取知识的路径[2]。同时，课程也是指学校为实现教育目标而有计划地设计并要求学生参与的所有活动，包括课堂教学的各个科目（及其目的、内容、范围、分量和进度）以及有意安排的各种有意义的活动。课程还可以指学校为学生发展而营造的所有环境。因此，课程本身便是一个文化建构的场域，可以赋予不同文化内容以各种意义，而学生对于不同文化知识或技能的获取也多是通过此途径获得。教室作为文化场域的载体，提供了一个师生互动并充满无限可能意义的空间，对处于多元文化熏陶下的莘莘学子的态度、情感、认知和行为产生直接或间接的重要影响。课程内容是教学实践及学生获取相关知识经验的核心，能够为学生所切身感知，因而能够对学生的认知形成重要的影响，是学生综合素养培养中至关重要的因素。

（三）课程建设

从本质上来讲，课程建设是一个既涉及整个社会、教育教学改革、教育开放资源和课程开放的广大内容，也涉及具体的教学科目，包括细化到点的教学队伍、教学内容、教学条件、教学方法、教学效果等方面的系统工程。高校的课程建设必须在充分考虑外界环境的情况下，努力做好教学研究和课程开发方面的工作。在具体实施层面上，不但要加强高校自身建设，也要提升教师、课程等的社会效应[3]。

1　林锋，席晓靖．当代预科教育综述 [J]. 北京邮电大学学报（社会科学版），2007(04): 55–58.

2　王道俊，郭文安主编．教育学 [M]. 北京：人民教育出版社，2009.05: 131.

3　左静妮．民族地区师范类高校的课程建设研究 [D]. 兰州大学，2011.

本文所研究的课程建设是从课程建设的课程开发、课程管理、课程实施以及课程评价四个方面进行的。

二、课程建设对民族预科教育的意义

民族预科教育是我国政府为了保障少数民族学生能够顺利完成高等教育而颁布的一项法律政策，是保障教育机会能够实现相对公平的一项优惠政策。民族预科教育是民族高等教育的特殊层次，是普通中学教育向高等教育过渡的一个杠杆，是少数民族学生顺利进入全国高校尤其是重点高校至关重要的学习阶段[1]。同时我们也应该明白，发展少数民族预科教育是适应改革开放和西部大开发战略实施的需要，对促进民族地区稳定和可持续发展、增强民族团结具有十分重要的意义。

预科教育的目的是帮助文化基础较为薄弱的少数民族学生弥补一些由于各方面条件造成的不足，帮助他们拓宽视野，使他们成为优秀的、合格的大学生，帮助民族地区培养合格的人才，从而促进民族地区的经济和社会发展。在人才培养中，课程是学生知识、能力、素质培养的重要内容。课程建设是学校教学建设的重要内容之一，是提高学校教育教学水平和人才培养质量的重要保证，因而课程建设对预科教育的发展有着十分重要的作用，主要体现在以下几个方面：

（一）课程建设能为预科教育打造高水准的师资队伍

“百年大计，教育为本；教育大计，教师为本。”师资队伍是课程建设的一个关键切入点。课程建设对教师的学术水平和教学水平提出了较高的要求：课程负责人与主讲教师政治素质要好，治学要严谨，教学和科研能力要强，教学经验要丰富，业务水平要高，参与和承担教科研或教学改革项目成果要显著；教学团队中的教师责任感要强，要有团结协作精神，要有敬业、奉献精神；中青年教师要通过下企业实践、赴高校进修、出国

1　何忠志 . 广西民族预科教育研究 [D]. 广西民族大学 , 2009.

培训等方式提高学历层次、积累实践经验；对青年教师要采取传、帮、带的政策，帮助青年教师提高业务素质；鼓励有行业背景的专家充实到教师队伍。因此，从某种意义上讲，课程建设就是要为预科教育打造出一支高水准的师资队伍。

（二）课程建设能为预科教育培养出一批合格人才

预科教育课程建设同样注重教学方法和手段的深化和改革。教学方法和手段的使用直接关系到课堂教学效果。根据预科教育的特殊性，在课程讲授过程中应注重多种教学方法的综合运用，例如头脑风暴法、分组讨论法、案例教学法等，因材施教，采用启发式、讨论式教学，以学生为主体，以教师为主导，提高学生的实际动手能力和应用能力，促进学生综合能力的提高，从而有效地将教、学、做相结合起来，使学生在“做中学，学中做”，培养预科学生的自主学习能力和综合能力，为预科培养一批合格人才。

（三）课程建设能推动预科教育课程改革的发展

课程建设对于高校预科的课程改革具有十分重要的意义。对学校而言，课程建设能够激活学校活力，真正形成高校预科自己的特色；对课程而言，课程建设能够提高课程适应性，改进课程质量；对教师而言，校本课程能够使教师拥有一定的参与课程决策的权力，有助于教师专业形象的提升；对学生而言，课程建设能够更好地适应学生的个体差异，为学生的个性化学习拓展空间。不论从何种角度来说，课程建设都是当前高校预科课程改革的明智选择[1]。

（四）课程建设有利于全面推进预科教育协调发展

各个预科学校的师资力量和办学条件的不均衡，可以通过课程建设来弥补。课程建设是团队合作长期追求的结果，是预科教育教学的重头戏和

---

1 王倩 . 校本课程开发与高校课程改革 [J]. 河南师范大学学报（哲学社会科学版），2005(02): 169-172.

排头兵，预科学校必须立足现实，统一思想，提高认识，与时俱进，不断深化教育教学改革，狠抓课程建设。“十年树木，百年树人。”在培养合格的预科学生这个问题上，我们应该有长远的目光。在课程建设过程中，要以人为本，立足学生的长远发展，立足学校实际课程资源，立足教师的教学素养，注重过程和发展，使课程建设成为预科常规教学管理的一部分，充分发挥其作用，从而推进预科教育协调发展。

三、民族预科课程的价值基础

一般认为，政策是政府用以规范、引导和协调有关团体和个人行动的准则或指南。我国教育事业发展是以政策驱动的，因此，民族预科教育课程政策是国家教育行政主管部门在一定社会秩序和教育范围内，为了调整课程权力的不同需要，调控民族预科课程运行的目标和方式而制定的行动纲领和准则。该政策服务于预科教育的行动，并具有明显的对象性，服务于少数民族学生的成才成长，提升少数民族文化素养，推动国家与社会的发展与稳定。具体而言，第一，民族预科课程政策是民族教育的特殊性政策。通过民族预科教育课程，为民族预科教育的少数民族学生提供相关文化、知识或技能，提升少数民族学生在多元场域中的专业素质、多元文化的包容度及优质情感的表现力等。第二，民族预科课程政策符合国家高等教育课程政策宗旨与要求，尊重与体现国家课程体系建设与改革的理念。民族预科教育课程体系建设直接影响民族预科教育人才培养目标，通过政策形式明确培养目标、制定针对性培养方案，将多元文化元素融入课程设计中，促使学生深入思考其既有的文化观念，帮助其养成包容并尊重多元文化差异的胸怀、视野、态度与情怀。

民族预科教育课程政策以国家逻辑为核心，国家权力在运行中起关键作用。

第一，国家逻辑是民族预科教育课程政策的重要驱动力。民族预科教育的设立是给部分很难适应高等学校学习生活的少数民族学生提供文化科学基础知识的补习性教育，其根本目的是达到“补偿育人”的效果，这是民族预科教育最本质的内涵，也是民族预科教育的元价值体现。Cornbleth（1988）指出，课程建设是一个持续的社会活动，受到来自课堂内外的各种情景因素的影响，课程决定作为课程研究领域中一个重要的范畴。[1]Goodlad（1991）提到，课程必然会受到各种不同因素的影响，只有在特定的情景因素下决定的制定和实施才能被充分理解。[2]新中国成立以来，特别是改革开放以来，国家对民族预科教育予以高度重视。发展至今，民族预科教育已经成为我国民族高等教育的重要组成部分，且被广大少数民族莘莘学子誉为接受高等教育的“金色桥梁”。在民族预科教育政策的推动下，少数民族学生加强了基础知识和基本技能的训练，努力提高文化水平和思想政治素质，为进一步接受高等教育打下了坚实的基础。课程政策是民族预科教育的核心，直接影响到民族预科教育的课程目标、课程结构、课程内容、课程实施和课程评价。民族预科教育课程政策的有效运行是提高民族预科教育质量的重要抓手。然而，民族预科教育课程政策本身是一个较为复杂的系统，是在外部影响和内部驱动的复杂过程中酝酿。《中华人民共和国宪法》《中华人民共和国民族区域自治法》《中华人民共和国教育法》是民族预科教育课程政策的法律基础，《中华人民共和国宪法》《中华人民共和国民族区域自治法》《中华人民共和国教育法》是民族预科教育课程政策的指导。中共中央政府是管理社会事务的最高权力机构，民族预科教育课程政策及其相关内容都是在中共中央政府的规范与指导下产生。民族预科教育目标是民族预科教育课程政策目标的依据。民族预科教育于1950年创立之初以为基础知识薄弱的少数民族学生补习为宗旨。改革开放以来，民族预科教育则转变为一种向高等院校输送合格少数民族大学生的重要途径。1984年，教育部、国家民委在《关于加强领导和进一步办好高等院校少数民族班的意见》中提到“民族预科阶段的

1 Cornbleth C. Curriculum in and out of Context[J]. Journal of Curriculum & Supervision, 1988, 3: 85–96.

2 Goodlad, J. I. Curriculum as a field of study. In A. Lewy (Ed.) [M]. The international encyclopedia of curriculum. Oxford: Pergamon Press, 1991: 3–7.

主要任务调整成要为进入高等院校本专科专业学习奠定夯实基础”。1992年，国家发布的《关于加强普通高等学校少数民族预科班工作的意见》中强调，各高校应根据高校民族预科班的教学规定和学生特点制定适用的教学计划、编写教学大纲和教材，国家教委要组织力量编写预科主干课程教材。1993年5月，国家教委明确规定了少数民族预科生使用的《英语》《数学》《阅读与写作》与《基础汉语》等四部基础课程教材，并在《关于加快所属民族学院改革和发展步伐的若干意见中》强调“预科教学应注意与本科教学的衔接，用绝大多数时间重点学好数学、外语、汉语或与本、专科专业教学密切相关的几门主要课程，避免平均使用力量”。1994年，国家总结了民族预科教育改革和教材建设的经验，并对预科教材内容与结构、课程结构与关系、课程考核等方面提出了建设性意见。随着“西部大开发”和“科教兴国”战略的实施，国家对民族预科教育的关注提升到更高阶段，对民族预科教育培养人才的数量、层次、质量提出了更高的要求。2002年，国务院《关于深化改革加快发展民族教育的决定》中特别强调“在每个省、市、自治区选择办学条件较好的普通高等学校一两所，建成民族预科教育基地”。这一纲领性文件成为我国民族预科教育政策的重要依据，大大推进民族预科教育事业的发展。这一阶段出台了《普通高等学校少数民族预科班、民族班招生工作管理规定》《普通高等学校少数民族预科班、民族班管理办法（试行）》等系列具体政策。《国家中长期教育改革和发展规划纲要（2010—2020）》中明确指出“进一步办好高校民族预科班”。民族预科教育被纳入国家中长期教育改革与发展规划纲要中，标志着国家对民族预科教育的关注上升到了前所未有的高度。为切实提高民族预科教育教学质量和管理水平，2014年，教育部颁布《教育部关于成立高等学校少数民族预科教育教学和管理工作指导委员会的通知》，成立了民族预科指导委员会。同年，国家将民族预科教育政策创新发展研究列入民族教育重点研究课题。2018年，教育部办公厅《关于切实做好高校少数民族学生自主培养工作》中强调，对中央部门所属高校招收的预科学生实施自主培养和分省集中培养，按照“缺什么补什么”的原则，结合学校和学生实际，为学生提供自主选择教材的机会，开设必修课和选修课，确保预科学生适应学校人才培养要求。国家、高校的高等教育政策文本是民族预科教育课程政策的主要政策依据。因此，从价值取向来看，从“推进少数民族地区发展”“科教兴国”“发展是硬道理”“西部大开发”“科学发展观”“和谐社会观”到“中国梦”，民族预科教育课程政策的演进无不体现着国家逻辑。

第二，国家权力推动着民族预科教育课程政策的设计与发展。在政策文本梳理中我们不难发现，新中国成立以来很长一段时间，我国民族预科教育课程政策是自上而下的设计、推动与实施过程。民族预科课程管理体制是中央统一管理的高度集权模式，课程管理权主要集中在国家层面，由国家出台统一的课程设置、课程标准与教材等。民族预科教育阶段，学生学什么课程、怎么考以及是否结业，都是由国家统一规划与实施的。国家、高校的课程目标是民族预科教育课程目标制定的基本依据，其中课程设置方案、课程标准和教材编审是重要的组成部分。课程方案总体由教育部制定并组织实施。课程标准须体现人才培养的国家意志和国家对高等教育课程的基本规范和要求。民族预科教育课程设置为必修和选修两大类。以Z校预科教育学院为例，文科班开设的政治理论、语文、数学、英语、计算机基础、中国文化概论与体育为必修；理科班开设的政治理论、语文、数学、英语、计算机基础、物理、化学、生物与体育等为必修；语文、数学、英语为主要基础课。选修课则是为培养学生多种兴趣爱好、发展学生个性特征、增加专业选择空间而设置的弹性课程。预科期间，学生须选修至少3门课程并获得相应学分。文科类有书法、史记与文学、美学与艺术欣赏、中国历史文化等选修课；理科类有化学与生活、经济学入门、物理、化学、数学文化等选修课。另外，课程学习评价是教师以一定的方法对学生的课程学习目标、计划、过程与结果等的特点、价值做出判断的过程。在民族预科班中，民考汉的学生语数英三门必须全部及格；而民考民的学生，语数必须全部及格，否则不能进入大学学习。普通高等学校民族预科结业会考是由教育部民族教育司指导和协调，高等学校少数民族预科教育教学和管理工作指导委员会会同教育民族教育发展中心组织实施的国家性考试。自2015年开始，教育部民族教育司组织对少数民族预科教育进行评价与督导，于2016年颁布《教育部办公厅关于开展2016年普通高等学校少数民族预科结业会考工作的通知》，组织力量，统一命题，细致规定考试的科目和成绩。为保证会考的顺利开展，教育部等12部门联合出台《关于切实加强有关内地民族班学生教育管理服务工作的若干意见》，由教育部民族教育司委托教育部预科指导委员会具体组织展开。2016年，国家颁发《普通高等学校少数民族本科预科（大学语文）教学大纲》。这种自上而下的推行政策模式可以保障民族预科教育课程政策目标逐级落实，同时提高行政效率和节约政策实施成本，但难以激发课程政策实施主体由内而外的主动性，不利于课程政策实施中的观念与课程创新。不过，随着改革开放进入新阶段，教育体制改革纵深推进，国家扩大高校的办学自主权，民族预科教育的管理也由直接行政管理转变为宏观管理。2014年，国家建立了民族预科教育基地，成立了民族预科指导委员会。2016年，国家颁发《普通高等学校少数民族本科预科（大学语文）教学大纲》《教育部办公厅关于开展2016年普通高等学校少数民族预科结业会考工作的通知》。特别是2018年《教育部办公厅关于切实做好高校少数民族预科学生自主培养工作的通知》中“结合学校和学生实际，强化教学环节，自主选择适合预科学生的教材和教辅资料，开设必修课程和选修课程”，实际上是确立了高校参与民族预科教育课程管理的主体地位，从而充分发挥了高校的积极性与优势，并为此提供了相应的制度保障。课程决策过程中的权力分配问题是课程政策的核心问题。增强高校在课程政策实施中的重要性，鼓励高校进行课程实施“赋权增能”，即赋予高校的课程自主权，最大限度调动高校在课程实施中的积极性与主动性。

第二节 民族预科教育课程政策特征及运行问题

一、民族预科教育课程政策特征——基于文本分析的视角

民族预科教育课程政策蕴含了怎样的政策形成与改革过程，是一个有待深入研究的维度。比如，通过探寻发文的主体分布情况如何、政策数量多少、政策主题是什么以及政策工具是什么等，以进一步解读民族预科教育课程政策的形成与发展整体上呈现哪些特征等基本问题，试图展现民族预科教育课程政策的实践发展图景与逻辑。通过梳理国家颁布的有关民族预科教育课程政策文件，笔者有以下几点发现。

从政策制定与发文主体梳理可知，涉及民族预科教育课程政策文本主要是由中共中央人民政府、教育部与国家民委批准并发布，如政务院最早批准并颁布的高考民族预科政策《培养少数民族干部试行方案》《筹备中央民族学院试行方案》《关于加快所属民族学院改革和发展步伐的若干意见》、教育部与国家民委发布的《关于加强领导和进一步办好高等院校少数民族班的意见》、教育部印发的《普通高等学校少数民族预科班、民族班招生工作管理规定》《普通高等学校少数民族预科班、民族班管理办法（试行）》《关于做好 2015 年普通高等学校少数民族预科生预科阶段培养工作的函》《教育部关于成立高等学校少数民族预科教育教学和管理工作指导委员会的通知》与《教育部办公厅关于切实做好高校少数民族预科学生自主培养工作的通知》等。

从政策数量上看，单一的、专门针对民族预科课程管理的政策相对较少，如《普通高等学校少数民族预科班、民族班招生工作管理规定》《普通高等学校少数民族预科班、民族班管理办法（试行）》《教育部关于成立高等学校少数民族预科教育教学和管理工作指导委员会的通知》与《教育部办公厅关于切实做好高校少数民族预科学生自主培养工作的通知》等均是在大的方向上引领教育教学工作，在课程设置、学校管理、学习评价等方面都有一定的信息传递。

从政策主题来讲，从最初在民族预科教育政策内容中涉及课程政策相关内容，发展到近年来出台具有针对性的高等学校民族预科班、民族班管理办法、教学管理办法等直指民族预科教育课程相关内容。《普通高等学校少数民族预科班、民族班管理办法（试行）》第二十四条指出，民族预科教育的课程设置，按照“突出重点、加强基础、兼顾专业”的原则，开设汉语文、数学、外语、计算机和马克思主义理论思想政治教育课程，根据文、理科学科特点，也可以开设必要的专业基础知识讲座；第二十七条明确民族预科教育实行考核制度，学生必须参加教学计划规定的课程考核，学期考核成绩载入本人档案。考核分为考试和考查两种，考试采用百分制，考查采用百分制或五级制（优、良、中、及格、不及格）记分。实行学分制试点高等学校民族预科班学生学习成绩根据需要规定考核、记分。

从政策工具分析，新中国成立至今，国家涉及民族预科教育课程政策的文本表现出一定的单一性，以命令性工具为使用频率最高的政策工具类型。命令性政策工具通常以文件形式发布，多为“管理办法”“管理规定”与“通知”等，如《普通高等学校少数民族预科班、民族班招生工作管理规定》《普通高等学校少数民族预科班、民族班管理办法（试行）》《教育部关于成立高等学校少数民族预科教育教学和管理工作指导委员会的通知》《教育部办公厅关于切实做好高校少数民族预科学生自主培养工作的通知》等。值得注意的是，劝告性政策工具的使用频率仅次于命令性政策工具，如从《普通高等学校少数民族预科班、民族班招生工作管理规定》中“印发给你们，请遵照执行”转变为《教育部办公厅关于切实做好高校少数民族预科学生自主培养工作的通知》中“结合学校和学生实际，强化教学环节，自主选择适合预科学生的教材和教辅资料，开设必修课程和选修课程”“要结合学习贯彻党的十九大精神、中央有关工作会议和文件精神等，开设形势与政策课程”，体现了结合学校与学生实际规划与实施的指导思想，“要”等的使用带有一定的指向性和价值导向意蕴，不是要求政策执行对象依据政策指示即时行动，而是使其考虑政策蕴含的价值理念，以期待实现促进政策的目标。

二、民族预科课程政策实践的问题

民族预科教育是高等教育的特殊办学形式，它既不同于大学专科、本科的专业教育，也不是基础教育阶段高中教育形式的简单延续，更不是文化补习班，而是大学本科的预备阶段，是少数民族学生大学生活的重要组成部分。《普通高等学校少数民族预科班、民族班招生工作管理规定》中指出，普通高等学校举办少数民族预科班、民族班，招非西藏生源定向培养和内地西藏班、新疆高中班学生，是党和国家加快培养少数民族地区人才的特殊政策措施，是内地高等学校应尽的责任和义务。从全国高校的预科体制看，存在两种形式，一种是预科学习不带学籍，考试通过后取得大学学籍，另一种是通过高考统招民考民的学生，入学就有学籍，随后进行一年的预科教育，事实上执行的是五年制本科教育；从全国高校的预科地域分布来说，由于依托各招生院校，分布较为分散；从全国高校的预科教育资源分布观察，由于高校发展、师资储备与学科等差异，各高校的预科教育水平呈现参差不齐的状况。不过，近年来，随着各少数民族地区教学设施的完善和教学水平的提高，少数民族学生进入大专院校的人数、比例和层次不断增加，少数民族学生进入高等教育深造有了较大发展，为少数民族地区的稳定和可持续发展、增强民族团结和维护国家统一作出了相当重要的贡献。

民族预科教育的课程主要是为少数民族学生进入大学后的学习与发展提供基础。发展至今，民族预科教育在课程设置和建设中积累了很多宝贵经验，比如在中央民族大学持续多年的课程改革与课程建设中，预科教育学院“大学语文”教学团队经过努力探索和不断改进，终于使课程建设进入了校级优秀课程行列。又如，广西民族大学预科教育学院创办60年来，坚持从少数民族学生的实际情况出发，按类分层教学，大大增强了教育培养的针对性和实效性。为解决我国民族预科教材种类少且不适用的问题，广西民族大学预科教育学院还组织教师根据广西的实际而编写了《思想政治教育》《阅读与鉴赏教程》《基础物理》等教材共12种，以广西少数民族预科生为受众，地方特色鲜明，民族气息浓郁，针对性适应性强，在使用中深受欢迎，教学效果显著。由于在办学中较好地坚持了因地制宜和因材施教，广西民族大学预科学院大大地提高了少数民族预科人才培养的质量。

本研究选取Z校预科教育课程政策实施为案例，通过实地调查和访谈，深入了解学校民族预科教育课程政策效果及特点。一方面是为了了解民族预科教育课程政策实施的效果，另一方面，对当前政策执行中的困境等方面予以探讨，并在此基础上探寻政策改革的未来路向。

第一，民族预科教育学生个体学习差异之困。“发展民族高等教育不仅要遵循高等教育的共同规律，而且还要兼顾民族高等教育自身的特殊性”。由于民族地区升学政策的照顾，存在一定数量的学生来自偏远农村、牧区的状况，因受生活地域、经济文化与教育等影响，学生个体学习基础存在较大差异，民族预科教育人才培养呈现前所未有的复杂性。Z校少数民族预科教育于1951年学校建校时就成立相关部门，至今已有70多年的办学历史，预科学生主要来自东北、西北、西南少数民族地区以及山东、陕西、湖北等地的少数民族聚居区，涵盖来自全国各地的30多个民族，主要有回族、满族、蒙古族、维吾尔族、哈萨克族、锡伯族、朝鲜族、壮族、土家族、苗族、彝族、侗族、纳西族、傣族等少数民族。由于学生所处自然环境和社会环境存在差异，不同民族的预科生在生活方式、风俗习惯、宗教信仰等方面呈现出显著差别。部分学生在入学之前讲的是本民族语言，汉语基础薄弱，给预科学习带来了一定的困难。学生不能将汉字字义与相关课程的学习内容建立联系，缺少从音、形、意中理解概念的能力。比如新疆的少数民族预科学生数学基础薄弱、语言能力不过关，学生对数学词语的理解直接影响其对概念的学习，也影响着后期更专业的学习。有些少数民族预科学生对概念理解有误，导致数学语言表达错误。因受前期教育的影响，不同生源接受高等教育的知识基础、能力水平、意愿、态度与学习个性特征等呈现明显的多样性与差异性。忽视对培养对象的研判，未能兼顾生源的多元性与差异性，让所有预科学生接受同样的课程学习进度，对所有预科学生实施统一的学业成绩评价标准是不太合乎情理的，特别是针对汉语理解、表达与书写困难的预料学生而言。这在很大程度上给基础相对较弱的少数民族学生造成了学业困扰。

第二，民族预科教育教师专业化发展之困。一段时间以来，学术的概念被窄化，教学地位日渐式微，本科教学与教学研究并没有得到教师的足够重视。教师评价体系过于依赖科研量化指标是不争的事实。课堂教学改革风暴刮来，教师要么怨声载道，要么穿新鞋走老路，甚至是以实践行动抵制。预科教师日常授课工作量较为繁重，专业化培训和深造的时间与机会有限，阻碍了教师专业发展。这影响着民族预科学生学习的效率与水平，影响着民族预科教育人才培养质量。课程实施以教学为主要手段，是教师把课程规划付诸实践的过程。教师是课程目标的实施者，课程教学一定程度上依赖于专业化的教师。教师由学生与知识之间的介质变成了课程的话语权力掌控者，一定程度上异化为学生与知识“视界融合”的藩篱。目前，民族院校师资队伍结构呈现学历高、理论扎实等特征。但从学校到学校，毕业直接从事教学工作，部分师资不可避免存在缺乏高校教学实践探索的问题，主要体现在受以往所受高等教育评价体验影响，依葫芦画瓢沿袭传统的教学模式。教师在预科教育课程教学实施过程中依然偏重“灌输式”教学，有的教师过于照本宣科地讲述教材，师生互动极少，学生的主观能动性没有得到有效发挥，课堂教学效果差，学生成绩不理想，甚至出现厌学的现象。一些学生经过预科班的学习进入大学以后，存在无法适应的现象。

第三，民族预科教育课程实施之困。一方面，民族预科教育内容大多按照教材展开，按照教材编写教案、讲稿，这样导致的单一性免不了让教师课程教学偏工具性取向。比如预科语文课程教学重文学、轻语言，重阅读、轻写作。如果教学方法不创新、教学内容不多元与丰富，唯让学生被动接受，变成学习机器，则极容易使学生丧失学习兴趣，阻碍着学生学习积极性、主动性的培养。另一方面，民族预科班的英语课程目标聚焦于培养民族学生基础能力，大学英语的课堂教学在注重提升学生的听说读写能力基础之上，更关注英文人文素养的习得。民族预科教育开设的英语课程学习中，重点是对中学英语知识（比如词汇、读音、语法以及阅读等）的巩固。进入大学后，民族学生的英语科目学习困难表现较为突出，英语应用能力属于薄弱环节，主要体现在听、说、读、写以及翻译等。另外，从预科教育课程成绩评价结果的运用看，作为测评教与学成效的手段，评价功能窄化，过分强调检测与管理，轻视诊断、预测、导向与激励功能。民族院校行政管理部门、教师与学生对成绩评价的关注更多的是分数与分数排名，较为看重“升学率”。行政管理部门倾向于将成绩评价作为人事管理的重要依据之一，依赖成绩优秀率、及格率来衡量教师教学态度、水平与能力。其中，学科意蕴、教与学的价值被遮蔽，学生未来专业发展与职业规划的诉求与觉知、教师专业发展的教学反思等都没有得到应有的重视。

第三节　高校预科课程建设质量调查：以 Z 校为例

一、调查对象

Z 校是一所全日制综合院校，学校设立了预科教育学院，专门培养少数民族预科生，Z 校预科教育学院于 1951 年学校建校时就成立了，距今已有 70 多年的办学历史，已为该校各本科学院输送少数民族预科学生 8000 余人，还受教育部委托，先后为上海医科大学、中山医科大学、华东理工大学、华南理工大学等高校培养少数民族预科学生近 2000 人。Z 校预科现有教职工 19 人，其中副教授及以上职称的教师有 6 人、博士 6 人，已建立了语文、数理、英语和政治等 4 个教研室，教学设施完备。近几年来，承担多项国家级及省部级等各类教学科研项目，每年发表多篇有影响力的学术论文，教师还获得过全国性教学观摩课评比一等奖以及全国优秀教师和学校教学名师荣誉称号等。Z 校预科教育学院只招收少数民族学生，学院现有学生 400 余人，涵盖来自全国各地的 31 个民族。预科学制一年，分为文科班和理科班。经过一年学习，考试成绩合格者可升入本科学习。学习成绩优异、表现突出者，有机会获得奖学金及各种荣誉称号。Z 校预科始终围绕学科建设特色鲜明、人民更加满意的高水平综合高校的目标发展建设，打造一支求真务实、创新进取的学术团队，不断提高教学质量和科研实力，以学生为本加强素质教育，创新人才培养模式，努力办好高水平民族预科教育。目前正在筹建中的预科教育研究中心将搭建研究预科教育规律、形成办学特色的平台，为民族预科教育科学发展积极服务。

二、课程建设现状

（一）课程开发情况

课程开发主要包括课程设置和课程资源开发。

第一，课程设置现状。经调查发现，在必修课程的设置上，Z 校预科教育学院会根据入学考试的英语成绩对学生重新进行分班编排，把英语成绩程度相似的学生编入同一个班级，然后再进行授课，这样更加有利于学生的发展，至于大学语文和高等数学就按照入学时就编排好的行政班级进行授课。在选修课程的设置上，经过对 Z 校预科教育学院课程表的研究发现，Z 校预科教育学院会根据文理科开设不同的选修课程供学生选择。

第二，课程资源开发现状。通过走访和实地考察，我们发现，在优质课开设和开发上，Z 校已开设了“课程设计”这门课程。该课程主要是教授预科生如何进行规范的论文写作，对预科生进入本科后进行论文写作做一个良好的铺垫，以保证为本科培养素质较高的生源。在教学名师配备上，Z 校预科教育学院有教职工 19 人，其中副教授以上职称的教师有 6 人、博士有 8 人，已建立了语文、数理、英语和政治等四个教研室，课程人力资源基本满足课程开发需要。在特色课程开发上，Z 校抓住本学院的特色，借助少数民族学生生源的优势，开办了“民族言语能力培养计划”。该计划利用预科多民族特有资源，开设民族言语能力培养课程，学习加强民族言语交流、民族文字书写。该课程与以老师为授课主体的传统课程不同，这门课程的老师全是来自预科各少数民族的学生，他们通过报名、选拔等流程成为自己民族语课程的小老师，教其他对本民族语言感兴趣的学生学习本民族语言。

（二）课程管理情况

课程管理情况包括正式课程组织和活动课程组织两个方面，我们是通过实地考察和访谈进行的。

第一，正式课程组织。行政人员在组织课程时所操纵的主要项目，是学生的分组、教师的角色、课表、时间安排和教学方式的秩序[1]。Z 校除了培养本校的预科生，还帮助本地其他两个学校培养一年制预科生，在预科学习的一年期间，预科教育学院分上下两学期对文科 8 个行政班、理科 8 个行政班在课表、课时和教学方式上对课程进行组织。学院的领导和各科老师每年都会召开大会，在大会上通过总结上一学年的经验来制定新一年对新一届学生的课表和课时等方面的安排，使课程组织向更加科学化和合理化的方向发展。

第二，活动课程组织。活动课程是课程的重要方面，其组织管理的效能直接影响课程建设。Z 校还根据本学院学生的情况和优势有针对性地开展了“小太阳成长计划”和“青苗计划”。其中，“小太阳成长计划”有一个专门的“小太阳工作室”，致力于培养学生良好的学习能力，展示少数民族学生的个性与特长，重视学生的心理健康教育，为学生展现自我、合作交流搭建良好的平台；“青苗计划”是一个学习困难帮扶计划，主要是学习成绩好的学生自发为学习成绩不理想的学生进行一对一的学习帮扶，让每一个学生都能更好的发展。

（三）课程实施

课程实施主要指的是教学，包括教学方法和内容等方面。通过访谈和问卷，我们开展了对 Z 校课程实施的调查。

1 （美）麦克尼尔著；施方良译．课程导论 [M]. 沈阳：辽宁教育出版社，1990.01: 218.

第一，教学方法。在通过对 Z 校预科学生的调查问卷中“目前您的老师主要采用什么授课方式？”一题的分析发现，Z 校的预科教师目前还是采用讲授法进行授课，很少用到其他教学方法。根据分析结果发现，选择讲授法的学生达到了 93.5%，选择其他教学方法的学生却很少，数据分析结果见表 6-1.

表 6-1　教师主要授课方式

方法		频率 / 次	百分比 /%	有效百分比 /%	累积百分比 /%
有效	讲授法	174	93.0	93.5	93.5
	其他方法	12	6.4	6.5	100.0
	合计	186	99.5	100.0	
缺失	系统	1	0.5		
合计		187	100.0		

通过表 6-1 可以看出，在所收回的所有有效问卷中，有 93.5% 的学生选择了目前老师采用讲授法进行授课，只有 6.5% 的学生没有选择授课法，说明目前 Z 校预科教育学院的老师基本上是使用授课法。

第二，教学内容。在与 Z 校预科教师的访谈中了解到，目前 Z 校根据学生的特点，除了教授会考需要考的课程之外，还开设了一些其他选修和特色课程，内容相对来说较为丰富。但是通过对 Z 高校预科学生的问卷的分析处理发现，“是否有必要开设预科教育”这一题仍有部分学生选择没有必要开设预科教育。

表 6-2　学生对开设预科情况的认知情况

题目	没必要		有必要		合计	
	频率 / 次	百分比 /%	频率 / 次	百分比 /%	频率 / 次	百分比 /%
是否有必要开设预科	25	13.4	162	86.6%	187	100.0%

通过表 6-2，我们发现在接受问卷调查的 187 位同学中有 13.4% 的学生认为没有必要开设预科教育。通过与选择没有必要开设预科教育的 13.4% 的学生访谈，部分学生表示没有必要开设预科教育的原因是预科教育内容与高中雷同以及预科缺乏本科专业衔接教育。

（四）课程评价

本文以对 Z 校学生的问卷调查和对 Z 校教师进行的访谈分析为基础，对该校课程评价的现状进行分析和研究，主要是从教师和学校对学生的评价与考核、学生对教师的评价以及学生对课程的评价这三个方面进行阐述。

1. 教师对学生课程学习的评价

第一，学生学业评价和考核。在学业考核和评价方面，Z 校除了严格按照学校本科学生的考核制度和方式之外，还依据教育部对预科生的要求，对大学语文、大学英语以及高等数学三门必修课程组织全国会考，以保证预科生的质量。

第二，学生综合素质考核。Z 校在征求大部分学生意愿之后，实行预科学院负责人和学生代表一起制定的一套针对预科学生综合发展的“量化积分”模式，保证预科学生除了要有良好的学业成绩，综合素质也要得到较大发展。

2. 学生对教师课程教学的评价

与国内大多数学校类似，Z 校对预科课程教师教学的评价主要有学生评教、同行评教和督导评价三种形式。其中，学生评教占比最大，占总分的 70% 左右。学生评教主要有网上评教和问卷调查等两种方式，通过这两种方式，学生对教师教学有一个较为整体的评价。通过调查，学生对教师提供一些具体的反馈与评价。

表 6–3　Z 校预科教育学院学生对教师的评价

选项		频率 / 次	百分比 /%	有效百分比 /%	累积百分比 /%
有效	非常专业，一直从事预科教育	99	52.9	53.2	53.2
	比较专业，是本校其他院系的相关专业教师	74	39.6	39.8	93.0
	不太专业，和高中老师没太大的区别	12	6.4	6.5	99.5
	很不专业	1	0.5	0.5	100.0
	合计	186	99.5	100.0	
缺失	系统	1	0.5		
合计		187	100.0		

通过对表 6–3 的分析发现，在收回的所有有效问卷中，有 53.2% 的学生认为预科的教师非常专业，一直都在从事预科教育，有 39.8% 的学生认为预科的教师是比较专业的，也有 6.5% 的学生认为预科的教师不太专业，和高中的老师没什么区别，只有 0.5% 的学生认为预科的教师很不专业。但总体来说，学生对预科老师都是持肯定态度。

3. 学生对课程开设的评价

基于对 Z 校学生的问卷调查。笔者了解了学生对于课程的评价情况。首先是对课程开设情况的满意度的调查，可以通过表 6–4 进行分析。

表 6–4　Z 校预科学生对预科开设课程的满意度

选项		频率 / 次	百分比 /%	有效百分比 /%	累积百分比 /%
有效	非常满意	23	12.3	12.4	12.4
	比较满意	133	71.1	71.9	84.3
	不满意	14	7.5	7.6	91.9
	非常不满意	1	0.5	0.5	92.4
	没感觉	14	7.5	7.6	100.0
	合计	185	98.9	100.0	
缺失	系统	2	1.1		
合计		187	100.0		

通过分析表 6-4 可以发现，在收回的 186 份有效问卷中，有 71.9% 的学生对目前预科的课程开设情况是比较满意的，有 12.4% 的学生对预科课程开设情况表示非常满意，但也有 7.6% 的学生对预科课程开设情况不满意，甚至有 0.5% 的学生对预科课程开设情况非常不满意，也有 7.6% 的学生对预科课程开设情况表示没有感觉。但从总体上来说，Z 校预科教育学院的学生对目前预科开设的课程还是比较满意的。

三、课程建设存在的问题

通过对不同高校民族预科课程建设现状分析，我们发现，Z 校与其他高校在课程建设方面存在以下几个主要问题。

（一）在课程设置上，课程目标不清晰，课程结构混乱

1. 必修课程设置

通过对其他院校的课程设置的调查发现，在必修课程设置上，不同的学校会根据不同的培养方案设置不同的必修课程，如北方民族大学就按照民考汉（一年）和民考民（两年）设置了两种不同的必修课程方案；有些学校会根据地方特色设置具有民族和地方特色的必修课程，如云南农业大学就开设了“省情教育”这一必修课程，让学生去学习；也有些学校会根据学生不同的修业年限设置不同的必修课程，如东北师范大学就根据一年制本科和两年制本科设置了不同的必修课程；有的学校没有对预科学生进行集中教学，而是由不同的院系根据自己院系所需要的人才标准自己对学生进行预备培养，如内蒙古民族大学中不同的院系独立培养预备学生，课程设置也不尽相同；有些学校会根据学生的汉语水平对不同的学生进行一些汉语方面的特别教育，如西北民族大学的两年制新疆民考民文理科班就设置了“汉语精读”这一必修课，目的就是加强少数民族学生的汉语水平，北方民族大学的民考民（两年）班开设了汉语精读、汉语阅读、汉语写作、汉字书写等可以提高少数民族学生汉语水平的必修课；有些学校会根据文理科开设不同的必修课，如大连民族大学的文科班开设了写作概论、民族

理论与民族政策、思想道德修养与法律基础、计算机程序设计基础、预科教育和管理、体育等必修课程，理科班开设了民族理论与民族政策、思想道德修养与法律基础、计算机程序设计基础、预科教育和管理、体育、物理基础、物理基础实验等课程。

通过与其他高校预科必修课程设置进行对比，不难发现Z校预科必修课程设置存在的问题：

（1）课程目标不明显

Z校如其他高校一样，开设了一些相同的课程，如语文、数学、英语、计算机等，不能体现出预科教育的目的，以至于会模糊对于预科教育的概念。预科教育是对高中的拓展延伸还是对大学教育的适应和预备？这是对目标不明显的体现。

（2）课程结构设置混乱

Z校预科教育学院开设必修课针对性不够强，不会根据休学年限、本科专科等对必修课程进行区分，而是“一视同仁”，对所有性质的学生都进行同样方式和课程的教学。

2. 选修课程设置

通过对其他院校的课程设置的调查发现，在选修课程设置上，有些学校会根据学生兴趣和素质教育的要求尽可能多的开设一些选修课，如大连民族大学开设了经典摄影艺术赏析、音乐赏析等选修课程，阿坝师范学院开设了国学经典选读、自然科学与生活、历史、艺术与生活等选修课程，云南农业大学开设了体育、物理、化学 、普通话与口语交际、文学经典选读、数学建模、英语快速阅读、英语写作、民族文化概论 、东南亚社会文化概貌、现代礼仪、文献阅读等选修课程及学术讲座（心理健康教育、爱国主义教育、法制基础教育、音乐艺术欣赏等专题）；有些学校除了开设选修课之外还会开设一些素质能力拓展课程，如四川民族学院开设素质拓展模块与教学实践模块，其主要教学内容与校园文化活动相结合，开展英语演讲比赛、民族知识竞赛、民族歌舞大赛、汉语演讲比赛、书法比赛、话剧展演、网页设计大赛等第二课堂教学活动；有些学校会根据地方特色设置具有民族和地方特色的选修课程，如广西民族大学就开设了“八桂乡情”这一选修课，充分体现了地方特色；有些学校会根据文理科开设不同的选修课，如广西民族大学的文科班开设了中国传统文化选讲、八桂乡情预科阅读与鉴赏、预科写作、预科普通话表达与交流 、英语阅读 、英语听力、预科英语、预科微积分基础等选修课，而理科班则开设了中国传统文化选讲、八桂乡情、预科阅读与鉴赏、预科写作、预科普通话表达与交流 、英语阅读 、英语听力、预科英语、预科微积分基础、预科数学文化基础课程、微积分基础、生物学实验、生物学教学（理论）、计算机应用基础实验、普通化学实验（医科）、普通化学实验等选修课程。

通过与其他高校预科选修课程设置进行对比后不难发现，Z 校预科选修课程设置存在的问题：

（1）对选修课程不重视

到了大学，学校更应该根据学生的特点和兴趣尽可能多的为学生开设选修课供学生根据自己的兴趣进行选择，而 Z 高校预科教育学院并没有真正做到这一点，每年都只是经过学院教师开会决定开设哪些选修课供学生进行选择，且每年开设的选修课程都不尽相同，这是明显的对选修课不重视的表现。

（2）选修课种类少

选修课是供学生根据自己的兴趣爱好和自身需求去选择学习的课程，是大学课程必不可少的一部分，但 Z 高校预科教育学院的教师却没有意识到这一点，设置的选修课数量较少，让学生可以选择的余地变少，同时也使课程结构不够完善。

3. 通识课程设置

与 Z 校老师访谈发现，在预科全国会考制度的影响下，Z 校预科教育学院在通识课程的课程设置上向“应试教育”模式发展，不管是在课时安排还是在师资安排上都不够合理化和科学化，难以促进学生的全面发展。

（二）在课程资源建设上，课程资源意识欠缺，课程资源开发能力较差

《基础教育课程改革纲要（试行）》明确提出了对课程进行“国家、地方和学校‘三方分权’”的管理办法，这种课程新制度一改以往的国家“统统包揽式”人才培养方式，课程愈发的自主而使其更好的彰显了它在适应学生和社会需要及发展上的效力[1]。本文主要基于对Z校的调查，在以下两个方面来阐述Z校预科教育在课程开发上的问题。

1. 课程资源建设意识欠缺

民族预科教育的生源都是少数民族学生，在预科教育的过程中，根据学生的特点和基础，高校、教师和国家都应该有针对性的开设一些适合少数民族学生发展的课程。本文主要从高校和教师的角度对课程资源建设意识进行阐述。

在对Z校的调查中发现，在课程资源建设问题上，Z校和教师的意识都较为欠缺，教师都是根据学校安排进行授课，在教材选用、课程安排上都是按照传统的形式进行，教师很少会自己开发教材，这是教师课程资源建设意识欠缺的体现。

对于这个问题，笔者于2019年3月13日对Z校的任课教师进行了访谈。以下是访谈的部分对话，笔者简称A，任课教师简称J：

A：请问咱们学院所用的教材是怎么样选用的？

J：和本科一样，现在我们学院基本上所有的教材都是教师自己根据实际情况在校教材科列出的数目中选择的。

A：那这些教材都是统编教材吗？

J：根据预科阶段大学英语、大学语文和高等数学必须参加全国会考的要求下，大学英语、大学语文和高等数学这三门课程的教材都是选用的人民教育出版社出版的全国统一教材，其他的教材都是任课老师自己选择的。

1　乌婷婷．新课程背景下高中生物校本课程开发的问题探讨[D]．陕西师范大学，2010.

A：那除了以上提到的两种选用教材的方法之外，咱们预科教育学院的老师有人自己编写教材吗？

J：也有个别老师自己编写一些教材，但大部分都是选择已经编好的教材。

2. 课程资源建设能力欠缺

在与Z校教师的访谈中发现，关于课程资源建设的问题，学院领导们也意识到学院应该根据学生特点和优势开发一些有特色、适合少数民族学生发展的特色课程，从学生的兴趣和特长出发，提高课程的适应性，从而提高学生的自主学习意识。但根据“全国会考”的实际，教师仍然用“应试教育”的课程和方法对学生进行教育教学和评价。

课程资源建设对广大教师来说是一个完全陌生的领域。现在国家把三级课程中的校本课程开发权利赋予教师，不仅课程观念的转变需要一个过程，课程开发能力的形成也需要很长时间，而且只有加大培训力度方能解决问题[1]。但是对Z校的调查发现，在课程资源建设上，Z校并没有请课程资源建设专业人士来对教师进行指导，也没有让教师去接受专门的有关课程资源建设的培训。仅靠教师自己的专业知识去进行课程资源建设是一个非常艰巨的任务，没有接受培训和专业指导，教师的课程资源建设能力就得不到提升，从而使课程资源建设变得更加困难。

（三）在课程实施上，方法单一，内容陈旧

1. 教学方法单一

从Z校学生的问卷调查中，我们发现Z校的老师都是大多采用以往传统的讲授法并辅助以少量的其他教学方法对学生进行授课。在收回的186份有效问卷中，有93.5%的学生表示预科的教师采用讲授法进行教学。传统的讲授法有重要的优势和特色，但是也不能忽略其存在的一些弊端。所

1　何志魁．校本课程开发的问题与对策思考[J]. 青海师专学报．教育科学，2003(04): 96–98.

以，面对新的时代背景、新的教育理念和课程改革要求，教师在进行授课时不能采用单一的授课方法。

表 6–5 讲授法

选项		频率 / 次	百分比 /%	有效百分比 /%	累积百分比 /%
有效	讲授法	174	93.0	93.5	93.5
	其他方法	12	6.4	6.5	100.0
	合计	186	99.5	100.0	
缺失	系统	1	0.5		
合计		187	100.0		

通过表 6–5 可看出，在所收回的所有有效问卷中，有 93.5% 的学生选择了目前老师采用讲授法进行授课，只有 6.5% 的学生没有选择授课法，说明目前 Z 校预科教育学院的老师基本上是使用授课法。

表 6–6 除讲授法外其他方法

选项		频率 / 次	百分比 /%	有效百分比 /%	累积百分比 /%
有效	讨论法	34	18.2	18.3	18.3
	谈话法	19	10.2	10.2	28.5
	其他方法	133	71.1	71.5	100.0
	合计	186	99.5	100.0	
缺失	系统	1	0.5		
合计		187	100.0		

通过分析表 6–6，我们可以看出，在选择除讲授法外的其他方法一题中，有 18.3% 的学生选择了教师会采用讨论法进行授课，有 10.2% 的学生选择了教师会采用讨论法进行授课，另有 71.5% 选择上述方法外的方法。

这意味着，Z 校预科教师在授课时教学方法单一，大多都采取传统的讲授法，虽偶尔用到了其他教学方法，但使用的频率还是较低的。

2. 课程内容陈旧

通过对 Z 校教师的访谈和对学生的问卷调查发现，目前 Z 校在预科课程内容上不够创新，不能适应学生的要求和发展，教学内容陈旧。

在接受问卷调查中选择“没有必要开设预科教育”这一题的学生在选择“为什么认为没有必要开设预科教育”的原因时，有部分学生表示预科教育的内容与高中雷同，没有学到新的知识，也有部分同学表示预科教育缺乏专业分类衔接教育，对进入本科专业学习无益。

在对 Z 校的任课教师杨老师进行访谈时，她表示在目前预科教育的课程安排上缺少专业分类衔接教育的课程，她认为预科阶段应该在师资条件允许的情况下开设一些有关本科专业入门的课程，以便让同学们提前了解本科阶段的专业学习，以免发生预科学生在不了解本科专业的情况下错选、误选本科专业的情况。

对于这个问题，笔者于 2019 年 3 月 13 日对 Z 校的任课教师进行了访谈。以下是访谈的部分对话，笔者简称 A，任课教师简称 Y：

A：您认为目前咱们学校对预科学生的课程设置合理吗？

Y：我认为在目前预科的其中几门课程要接受全国会考的大背景下，目前的课程设置还是比较合理的。

A：这是针对预科要接受全国会考的大背景下的合理。那您认为在目前状况良好的前提下的预科课程设置，比如在课程内容方面，有什么需要加强或者改进的地方？

Y：预科的主要任务就是帮助本科培养优秀的学生，我认为目前预科缺少一种专业指导课程，也就是本科专业分类衔接教育。我的感觉是，在学校师资条件允许的情况下，预科应该开设一些本科专业导论课，供学生根据自己的兴趣和可能填报的专业志愿去选择。至于专业导论课的内容，教师可以讲得浅一点，让学生对本科专业有一个大概的了解，根据自己的了解再去选择本科要修的专业。

（四）在课程评价上，重终结评价，轻过程评价

1. 评价主体单一，评价不全面

在对 Z 校教师的访谈和对学生的问卷调查中发现，目前 Z 校进行课程评价的主体只有教师、学生和学校，缺乏多元的、多主体的商议。当前我国所开展的课程评价常常是自上而下的，这样的评价判定的成分要多一些，相对来说协商和讨论的成分则较少。大多评价是通过调查获得数据，然后根据数据进行推断得到的结论，但是这一结论是否符合实际，却无从得知。这是由于单一的数据来源所带来的误差最大[1]。目前 Z 校的课程评价在评价主体方面还是欠缺的，不能够完整、全面地进行评价。

2. 重终结性评价，轻形成性评价

课程评价应该是要伴随课程开发全过程的。要想充分发挥课程评价的功能，就必须对课程开发的整个过程进行系统的评价。但是基于针对 Z 校的调查发现，目前 Z 校只是把课程评价当作课程的最后一个环节来对待，只注重了课程成果的总结性评价，而对课程的形成性评价活动没有全面考虑和安排。即使有一个“量化积分”制，也缺乏整体规划，也并不是基于对课程整体的评价。

3. 课程评价手段单一，不能多角度评价

调查发现，目前 Z 校大多是以“考试”代替其他形式的评价。考试作为一种选拔人才的手段，的确有着优于其他形式的作用，但是如果把考试作为评价学生的唯一手段，显然是非常不合理、不科学的，因为仅凭考试成绩对一个学生作出的评价是不全面的。更值得注意的是，考试现在已成为学生进行学习、教师展开教学和课程进行设置的标准，这必然使学生为考试而学、教师为考试而教、课程为考试而设置，这些显然是不正常，也应杜绝[2]。

1 刘志军．课程评价的现状、问题与展望 [J]. 课程．教材．教法，2007(01): 3–12.

2 欧阳宇，易森林．关于中国课程评价存在的问题及策略初探 [J]. 河南教育学院学报（哲学社会科学版），2005(02): 120–122.

四、影响预科课程建设因素

（一）师资队伍建设薄弱

师资建设是预科教育课程建设的关键，是高校预科教育课程的实施者，还肩负着完成预科课程培养目标的重任。在对Z校预科的研究过程中发现，教师团队的课程建设意识和课程建设能力都存在着一定的不足。另外，教师团队的年龄、学历、职称等，也是影响预科教育课程建设的重要因素。

Z校预科现在拥有教职工19人，副教授及以上职称的教师有6人，博士6人，已建立了语文、数理、英语和政治等四个教研室，教学设施完备。从师资队伍和师资结构上来看，Z校目前的师资队伍可以说是较为强大的，但是Z校预科教师在课程建设方面的意识和能力都表现出一定的不足。首先是在教师课程建设的意识方面，通过对Z校预科教师的访谈发现，虽然目前Z校预科的教师都是按照本科教师的标准招聘的专任教师，其素质和条件都是较高的，但是教师在课程建设方面的意识还是比较薄弱的，同时学校也并没有组织预科教育进行专门的有关课程建设方面的培训，这对预科课程建设的发展是较为不利的。

对于这个问题，笔者于2019年3月13日对Z校的任课教师进行了访谈。以下是访谈的部分对话，笔者简称A，任课教师简称Y：

A：您认为预科教师的定位应该是高中教师还是大学专任教师？

Y：我自己认为预科的教师应该是大学专任教师。

A：您为什么这样认为呢？

Y：因为我认为预科和高中还是有着很大的区别的。现在很多人都对预科不太了解，认为预科就是对高中文化知识的补习。但他们不知道的是，预科是一种过渡性的教育，它除了要兼顾高中文化课基础，还要与大学本科教育接轨，所以不能简单把预科教育理解为对高中文化知识的补习。基于这一点，预科的教师就应该是大学专任教师而不是高中教师。

A：那学校对预科教师在职称方面有什么特别要求吗？

Y：关于职称，也不存在特别的要求。学校对我们预科教师的职称要求和本科教师是一样的，没有特殊要求，所以我们预科的教师也是在努力做业务，抓好本职工作。

A：我们预科的老师会自发进行课程建设，比如开发教材、开设新的课程吗？

Y：据我所知，在这块的话好像是没有教师自发去进行的，教材基本上都用的是学校开出的教材，课程的设置是所有教师一起讨论的。

A：那学校会专门组织预科教师参加课程建设方面的培训吗？

Y：培训是有，但是没有专门针对课程建设的培训。

（二）资源投入不足

预科教育的发展关系到我国高等教育事业的发展，而高等教育的发展又关系到我国家社会主义建设事业的顺利实现。因此，发展教育、发展预科教育不仅是政府行为，更是政府责任。只有保证充足的教育资源，才能不断地培养出大批高素质人才，尤其是预科教育，是为我国高等教育培养合格人才的摇篮。除了经费，其他资源的投入（如软件、硬件设施），都是影响预科教育课程建设的重要因素。

根据对Z校的调查了解发现，Z校对预科教育的重视程度非常高，也对预科投入了一定的资金去进行学术研究、教育教学等，但是并没有针对预科课程建设的专项资金，如拿出一部分资金去进行对教师关于预科课程建设的培训、用专门资金去支持教师进行教材和课程的研制等。同时，在软、硬件设施上，Z校也没有进行针对预科课程建设的设施投资，如为了提高学生的学习兴趣而增加一些配合教师进行教学的教学道具、进一步完善预科课程评价体系的评价软件等。这些都可以是影响Z高校课程建设的因素。

（三）生源结构多元、文化差异悬殊

学生作为预科教育的主体之一，对预科教育的发展起着极为重要的作用，在预科教育发展的过程中不能忽略学生这个主体。学生的结构与质

量对预科教育的发展，甚至是对预科教育课程建设的发展起着非常重要的作用，学生的结构与文化基础不仅会影响课程建设的速度，还会影响课程建设的质量。

根据对Z校预科的调查研究发现，Z校预科的生源是来自多方的，学生在生源、性别结构和文化基础上都不尽相同。

表 6-7　Z校预科学生来源地区分布统计（2016）

地区		人数 / 人	百分比 /%	有效百分比 /%	累积百分比 /%
有效	新疆	37	19.8	20.1	20.1
	西藏	3	1.6	1.6	21.7
	内蒙古	11	5.9	6.0	27.7
	宁夏	13	7.0	7.1	34.8
	广西	14	7.5	7.6	42.4
	青海	3	1.6	1.6	44.0
	云南	20	10.7	10.9	54.9
	贵州	11	5.9	6.0	60.9
	其他	72	38.5	39.1	100.0
	合计	184	98.4	100.0	
缺失	系统	3	1.6		
合计		187	100.0		

从表 6-7 中可以看出，Z校预科的学生来自不同地区。其中人数最多的是来自新疆，新疆的生源占了 20.1%；其次是云南，占了 10.9%；最少的是西藏和青海，各占了 1.6%；其余的地区都均匀分布。

表 6-8 Z 校预科学生高考分数统计（2016）

分数区间		人数 / 人	百分比 /%	有效百分比 /%	累积百分比 /%
有效	300—380	3	1.6	1.6	1.6
	381—430	6	3.2	3.2	4.9
	431—480	38	20.3	20.5	25.4
	481—520	49	26.2	26.5	51.9
	521 以上	88	47.1	47.6	99.5
	300 以下	1	0.5	0.5	100.0
	合计	185	98.9	100.0	
缺失	系统	2	1.1		
合计		187	100.0		

通过对表 6-8 的分析发现，Z 校 2016 年的预科生高考成绩差距比较明显，既有考 521 分以上学生，也有考 300 分以下的学生。具体的表现为：考 300 分以下的学生占了 0.5%，300—380 分的学生占了 1.6%，381—430 分的学生占了 3.2%，431—480 分的学生占了 20.5%，481—520 分的学生占了 26.5%，521 分以上的学生占了 47.6%。这说明 Z 校预科学生的文化基础差距比较大。

学生结构和文化基础的不合理与差距都是预科课程建设十分重要的影响因素。生源差异过大，客观上增加学校预科课程建设的难度，也影响了预科课程建设的质量。如前文所提到的，学生在预科教育课程建设中的课程开发、课程管理、课程实施以及课程评价等每一个环节都起着十分重要的作用，因此，不能忽略学生对预科教育课程建设的影响。

第四节　完善民族预科教育课程建设的措施

一、提升民族预科教育政策质量

第一，探索民族预科教育发展的共生效应。进入21世纪以来，随着我国高等教育大众化进程向纵深推进，为保障少数民族学生平等地享有高等教育权利，国家在招生环节实施加分投档、单独划线、定向招生等政策，加大了对少数民族学生教育弱势地位补偿力度。一系列教育优惠政策的实施意味着高等教育机会公平问题在一定程度上得以解决，少数民族考生进入高等院校的机会得以增加。遵循少数民族人才成长规律是民族预科教育的逻辑起点，旨在激发学生的学习动力，为学生的成长营造和谐与发展的氛围。这既要尊重少数民族学生与汉族学生之间、少数民族学生之间以及特定地区的少数民族学生与其他民族学生之间差异事实，又要求把握民族人才素质的全面性，探索共生效应，以将来自各族的优秀青年培养成各族人才储备的中坚力量。在“民族平等、民族团结和各民族共同繁荣”的原则指引下，在党和国家的引导和支持下，我国民族预科教育政策基于国家稳定发展和利益相关者的现实状况和需要，通过不断调整政策，确保了少数民族学生通过补偿性教育缩小享受高等教育的权利、机会和质量上的差距。心中有学生，想学生所想，解学生所思。民族预科教育课程定位依赖于学生实际与学科的特点，为每个学生提供更多的发展机会，最终实现个体与民众的发展共赢。认真了解学生的民族文化背景和学习动机，掌握学生的实际情况，是对预科课程教学作出合理定位的重要前提。习近平总书记在中央民族工作会议上强调“中华文化是各民族文化的集大成，文化认同是最深层次的认同，是民族团结之根、民族和睦之魂”，“加强中华民族大团结，长远和根本的是增强文化认同，建设各民族共有精神家园，积极培养中华民族共同体意识”。关照民族文化特色，比如语言、文字、相关文化遗产以及研究成果等，实际上是在传达开放与包容、竞争与规则、个体与群体协同发展等理念文化，既体现着对各族文化的尊重，又蕴含着对积极培育中华民族共同体意识，促进民族文化融合，切实增强中华文化认同以及文化自信，培养各族学生成为爱国、爱家、服务社会的建设者与接班人的追求。民族预科教育课程学习不同于初、高中的应试教育培养，除了提高学生的阅读能力、理解能力、口语表达能力之外，还需要通过引导学生关注人的精神世界，传承民族文化，体现丰富的人文内涵。预科生来自不同的民族和地区，具有不同的文化背景，他们通过课程中渗透的汉文化和各民族文化的熏陶，不仅可以提升阅读、评价能力，而且可以学会用包容的心态和博大的胸怀去接触和了解其他文化，尊重和理解其他文化，提升人文素养，激发学生弘扬中国优秀传统文化的意识，引导他们塑造健康人格。少数民族预科生通过预科教育获得进入高等院校继续学习的机会，这不仅有利于他们未来经济收入的增加和社会地位的提升，还有利于其身心的发展。尤其是边远地区、高寒地区、农区和牧区等家庭，因子女接受民族预科教育而可能实现家庭经济和社会地位的增值。

第二，推进民族预科教育与大学本专科教育有效衔接。少数民族预科教育是少数民族学生从中学到大学的一个过渡阶段。预科教育服务于本科教育，旨在提升少数民族学生的基础知识与基本技能，促进少数民族学生全面发展，为少数民族学生顺利进入高等院校本专科进行专业学习打好基础。民族预科教育课程内容主要是对高中阶段所学知识的补习，但与实际高中的学习还存在很大不同，并与未来的专业存在联系。民族预科教育课程内容在一定程度上反映着民族预科教育课程教学的重点与难点。民族预科教育课程政策话语权主要集中在教育部和国家民族事务委员会等组织上，而其他利益相关主体的话语对于民族预科教育课程政策制定、调整和完善的影响较小。如何通过课程中介实现预科与本科之间的完美对接，使其服务于高等教育人才培养？这无疑需要从课程目标设定的多元性、课程内容重难点斟酌的前瞻性、课程实施方式选择的发展性以及课程评价手段运用的科学性等维度兼顾学生与本专科院校的利益诉求。

二、提升课程建设绩效

（一）提升预科师资专业化水平

现代教学论指出，教学过程是师生互相沟通、积极互动、共同发展的过程。通过沟通，实现信息交流和师生互动，在相互影响、相互补充中达成共识、共享、共进，实现真正意义上的“学习共同体”。从教师教学专业发展角度来看，充分发挥教师教学专业主动性才是长久之策。充分发挥高校教师教学发展中心平台的引领与辐射功能，营造以知识为载体、以人（教师与学生）的共同生成环境，彰显教师教学共同体意蕴的教学文化尤为重要。教师要善于从预科生的作业中分析其思维方式，从书写习惯中发现其思维的特点，了解其思维方式是否易受本民族从右至左的书写习惯的影响。要善于与预科生交流，教师要根据其思维特点设计具有针对性的教学环节，了解预科学生的学习背景、知识基础，从学生已知的内容出发，逐步引导，突出课程内容的本质，淡化形式，深入浅出地引导学生学会理解性学习，知其然还要知其所然，帮助学生形成积极的自我学习内部驱动力，调动学生发展与成才的内在积极性，激励学生更主动地参与日常学习活动，使学生在知识、能力与综合素养等多方面得到积淀，获得成长，走向成熟与成功。同时，帮助转变教师角色。教师应秉持与学生互为“主位”生活与教学场域的角色定位，在学生学业成绩评价活动中，他（她）就不再是管理者角色，而是自主个性化学习的监测者与导学者。

在具体政策措施上，第一，要鼓励教师赴国内外名校进修访学，鼓励教师积极参加国内外学术交流和教学研讨，推进教师创新团队和教学团队建设，为教师落实个人发展规划提供有力支持和有利条件，提高教师科研能力和教学水平。第二，要实施学院中青年骨干培养工程，精心选拔一批有发展潜力的优秀中青年博士，重点支持、重点培养，积极选送赴名校研修，积极选派到地方基层、企业挂职锻炼。第三，应坚持科学设岗、分类管理，完善岗位聘任和岗位津贴制度，健全学年工作考核和聘期岗位绩效考核制度，优化问责驱动和激励驱动相结合、物质奖励和精神奖励相结合的教职工评价激励机制，营造使创新人才和优秀教师脱颖而出的政策环境，调动全院教职工积极性。第四，地方应该在国家做好整体规划之后积极配合，并且根据地方特色和要求对高校的课程建设注入各方面的投入，同时还应该对高校的课程建设起监督作用，监督学校和教师积极展开课程建设工作，保证预科课程建设工作能够顺利开展。最后，学校和教师应该清楚和了解高校预科教学研究是预科教育的短板，针对这一短板，除了国家和地方的重视和扶持外，学校自身更加应该加强对这一问题的重视，学校应该积极展开预科教研员的发展工作，加大人力、物力、财力的投入，对教师展开相关培训，也可以邀请专家进行帮助，从而提高预科教研员在预科课程建设中的地位和作用。

（二）加大课程建设的资源投入力度

在资源投入上，各级政府要建立与预科教育办学规模和培养要求相适应的财政投入制度，提高中央及地方政府对预科教育的认识，规范其在预科教育财政拨款中的行为；加快建立预科教育重大专项投入制度，确保并增加中央和地方财政的预科教育专项投入经费，通过重点项目的建设和发展，进一步补充预科教育教育财政投入。其次，健全企业参与制度，鼓励企业投资预科教育。对此，各级政府应积极引导各类企业通过独资、合资、合作等多种形式投资预科教育，对投资预科教育的企业，各地可通过各种方式给予支持，并积极引导社会公益基金支持贫困地区预科教育。最后，国家应健全社会力量投入的激励政策，制定出台高校预科教育社会捐赠免税政策，各省财政还可以设立奖励资金，对学校获取的社会办学资金给予适当的配套奖励措施，逐步建立健全企业参与预科教育投入制度。

（三）加大预科课程研究力度，优化课程管理

预科课程的对象是民族学生。课程目标不清晰、课程设置比较随意、

学生差异大、文化基础悬殊是预科课程教学的现实情况。课程是预科教育的核心，课程建设的质量与预科教育研究，特别是课程研究有直接的关系。因此，需要建立健全预科课程研究平台、研究力量和管理制度建设。要大兴调查研究之风，对新时代背景下预科教育目标、预科人才素质规格、课程建设、教学方法等进行系统的有针对性的科学研究。高校要建立预科课程发展中心，协调处理必修课与选修课、理论课与实践课的关系。

另外，学生作为预科教育的主体，对预科教育课程建设有十分重要的影响。必须重视学生对预科教育课程建设的影响，学校和国家要改善学生结构，重视学生质量，以此来加快预科教育课程建设步伐。

第七章　民族预科教育政策质量审视——基于合法性的视角

第一节　何谓民族预科政策合法性

一、教育政策合法性的内涵

合法性首先是政治学中的一个基础概念，它是证明政治权力合法性及人民承认执政权的过程。合法性的第一个要求是统治者的准许，第二个需要涉及社会价值观念和社会认同，第三个需求与法律的性质和功能有关[1]。

提到合法性，就要说到合法性概念的"开创者"——马克斯·韦伯。韦伯以合法性为标尺，将政治统治划分为三种类型：人格魅力型、传统型

1　(法)让-马克·夸克著；佟心平，王远飞译．合法性与政治[M]．北京：中央编译出版社，2002.05: 5-6.

和法理型统治[1]，并将合法性阐释为一种广受民众“自愿认同和服从”的国家状态或政治统治。后来，哈马贝斯受到韦伯的影响，对合法性持以下观点：合法性意味着政治秩序是一种公认的价值，这种价值又强调了政治是有效的，统治秩序的稳定性也依赖于自身在客观上被承认[2]。

我国现有的学科大多都起源于西方，那么用西方的理论和方法解释中国学术体系的问题也是能为人们所接受的。因此，我国的研究者采用了西方合法性理论对合法性概念的定义。合法性，是社会秩序和权威被自觉接受和遵循的性质和状态[3]，也就是说，合法性是国家统治类型、社会规范、社会秩序的公正性、正当性和正义性。合法性常用来表示某一事物具有被承认、被接受的基础，这个基础是什么（如某条法律、法规或规范），则要看实际情况[4]。公共政策合法性内涵可以分为两个层次：第一，公共政策是客观的政策执行，符合一定的国家、政治、社会秩序的情境要求；第二，符合社会公众的一种主观心理感受，为社会公众接受、认可和承认。因此，公共政策的合法性是客观存在与主观认知的双重产物，教育政策合法性是对符合社会规范、习惯、文化传统及主流意识形态教育政策的价值选择，是被大多数公众承认、认同和自觉遵守的原则和规范[5]。

所谓教育政策的合法性，就是要求教育政策的价值选择符合某些普遍性的规范，如法律、意识形态、社会习俗等，并由此在社会被认可和遵循[6]。合法性是承认教育政策的基础，是教育政策存在的价值和理论基础，也是教育政策合法化的前提，它表明教育政策价值选择的正当性、公正性

1 （德）马克斯·韦伯著；林荣远译．经济与社会（下卷）[M]. 北京：商务印书馆，199 7.12: 4–10.

2 （联邦德国）哈贝马斯著；张博树译．交往与社会进化 [M]. 重庆：重庆出版社，1989.03: 184.

3 俞可平主编．治理与善治 [M]. 北京：社会科学文献出版社，2000.09: 9.

4 苏力等著．规制与发展：第三部门的法律环境 [M]. 杭州：浙江人民出版社，1999.10: 311–312.

5 王举．教育公平：教育政策合法性的价值前提 [J]. 当代教育论坛，2015(01): 58–59.

6 刘复兴著．教育政策的价值分析 [M]. 北京：教育科学出版社，2003. 11: 47.

等特点。

教育政策合法性的实质是教育政策价值选择的目的性，即政策的价值选择是符合人民需要和价值追求的。马克思认为，人类的实践有两个维度，即内在尺度和外在尺度[1]。内在尺度是需要和目的的维度。人的社会实践总是为了满足本体的需要，只有那些体现和满足了实践主体和个体目的的实践活动才是有益合法的。在教育活动中，人们也从内在尺度出发，判断教育政策的价值选择是否符合目的，是否符合个体需要，然后确认或反对，支持或抵制教育政策。在这一过程中，教育政策便获得或丧失其合法性。

二、民族预科政策合法性的内涵

任何公共政策都要求形式的合法性和实质的合法性。一般来说，合法性指的是承认政府的统治权。公共政策形式的合法性，是指政策的制定符合法律层面的形式，包括制定程序、外在形式和主体资格三个方面。公共政策实质的合法性，具体来说，是指政策的价值层面必须符合多数人的利益要求，并且政策所规范的行为准则、施行计划、措施等能够平衡和协调社会公众的利益[2]。

就拿民族预科教育政策来说，在形式合法性层面，政策必须具备合程序性的要求。首先，在制定程序方面，民族预科教育政策在经过政策一系列制定、批准、签署的过程中，必须依照一定的法定程序和步骤，才能取得合法地位，后来经政府颁布，对社会、个人、团体的行为进行调整和规范。其次，在外在形式上，民族预科教育政策在书面的行文格式以及向公众颁布的方式上，必须是合适、规范的。最后，民族预科教育政策的主体必须是国家合法的公共权威机构，对政策的规划、制定和执行的国家组织、行政机构和主管部门必须服从宪法和法律法规，依法行政。

1　袁贵仁著 . 价值学引论 [M]. 北京 : 北京师范大学出版社 , 1991.08: 169-176.

2　陈宇超 . 公共政策合法性的构成及合法性困境的突破 [J]. 法制与社会 , 2011(07): 151.

在实质合法性层面，民族预科教育政策必须在价值层面体现合目的性，并且能够获得政策对象对民族预科教育政策系统及产出的接受和认可。这就存在两个方面的要求：一是民族预科教育政策要符合当代社会统治者推崇的主流价值规范；二是民族预科教育政策的对象要对现行政治体系下政策能够进行的利益分配模式认同并支持。两者之间相互影响，不是完全独立的，特别是后者的影响更大，社会的认同和选择正是民族预科教育政策合法性得以被肯定的要素之一。

民族预科教育政策的形式合法性是为了实现政策的实质合法性。在民族预科教育的过程中，从政策的形式合法性到实质合法性往往会偏离，或虚盖形式合法性来掩饰实质合法性。只有民族预科教育政策的实质合法性与形式合法性的完美结合，才能真正体现民族预科教育政策的合法性。

第二节　民族预科政策价值定位

价值蕴含于政策之中，政策负载着价值。本节关注的是民族预科教育政策主体在政策制定和实施时，选择哪些相关利益的追求，以及这些价值要素发展之间的差序和相互关系。

一、教育政策的价值取向

教育政策实质上是政府有关教育的政治行为和政治措施，因此，教育政策的价值取向首先要符合国家政府行为或政策行为的价值取向；其次必须坚持合目的性与合规律性的有机统一。

（一）政府政策行为的价值取向

在我国社会主义国家，国家的一切权力属于人民。政府是由人民委托管理社会和公共事务的组织。政府的政策行为只能是维护群众的共同利益，而不能维护除人民以外的特殊利益。无产阶级政党在制定政策时，必须坚持的价值取向原则即人民利益的价值取向。因此，政府不能把政府的利益作为政策制定和实施的出发点，否则人民政府可能走向人民对边[1]。同样，制定和实施政策时，人民政府不应从某个群体利益出发，也不能从一些政府官员的利益出发。

（二）合目的性与合规律性统一

教育政策价值取向的合目的性解决的是为什么样的主体追求价值，谋求什么样的价值，为了主体的生存和发展应追求什么样的价值目标或价值理想等问题[2]。它主要表现在以下两个方面：

一是坚持国家发展与教育发展相统一。理论上讲，国家发展可以为教育发展提供更好的条件，而教育的发展可以为国家的发展提供良好的公民，两者相辅相成，相互促进[3]。教育是国家社会获得共同利益的有效途径，教育也是国家公民的一项基本权利。国家通过教育实现公民的全面自由发展，通过教育不仅要培养有一定技能的人，而且要形成一定的社会秩序维护态度。但是教育反过来又会提高政府的教育期望，从而给政治造成压力，甚至引发社会动乱。现代社会对人的素质提出了更高的要求，因而人民愈来愈关注教育的生存和发展。

二是坚持公平和效率的统一。公平与效率是衡量教育政策价值的两个重要标准。教育效率为实现教育公平提供了必要的物质前提和基础，教育公平为教育效率的实现提供了精神动力和有效的环境[4]。教育公平作为教育政策的价值取向之一，一般包括两个基本方面：平等的教育权利和平等的教育机会。在超越了教育作为少数人的特权和等级制的历史阶段后，平

1　祁型雨著．超越利益之争　教育政策的价值研究 [M]. 北京：高等教育出版社，2003.10: 41.

2　祁型雨著．超越利益之争　教育政策的价值研究 [M]. 北京：高等教育出版社，2003.10: 42.

3　祁型雨著．超越利益之争　教育政策的价值研究 [M]. 北京：高等教育出版社，2003.10: 42.

4　祁型雨．利益表达与整合 [D]. 华中师范大学，2003: 113-115.

等地接受教育作为一项基本人权，已成为现代教育的基本价值之一。

教育政策的合规律性是教育政策合目的性能够实现的必要条件。宏观层面上，教育政策价值取向的基本方向要能够符合历史的趋势，还必须要符合社会的发展规律。具体来说，教育政策价值取向的定位与可操作性要遵循教育发展的客观规律。

二、民族预科教育政策的价值定位

《辞海》中对“定位”解释为“在加工、测量工件或装配零部件时，把工作或零配件尚已定的基准安放在机床、夹具或其他零部件相应的表面上，以保证工件或零部件获得准确的位置”[1]。因此，定位是指确定对象的确切位置。教育政策的价值定位问题，就是探讨和确定教育政策的基本价值特征以及基本价值特征的根源和现实社会生活中的条件。要研究民族预科教育政策的价值定位问题，就应先弄清楚民族预科教育的基本定位是什么。

（一）民族预科教育政策的基本定位

我国民族工作的基本目标和长期任务是稳定与发展。根据《中华人民共和国民族区域自治法》第七十一条有关规定，“国家举办民族高等学校，在高等学校举办民族班、民族预科，专门或者主要招收少数民族学生，并且可以采取定向招生、定向分配的办法。高等学校和中等专业学校招收新生的时候，对少数民族考生适当放宽录取标准和条件，对人口特少的少数民族给予特殊照顾”[2]。

民族预科教育一方面保证了国家教育系统中中等教育和高等教育之间的合理联系，确保了民族教育制度的完整性，另一方面，由于社会、经济、文化的发展不平衡，特别是历史和地区教育的发展差距短期内也不会消失，

1　辞海编辑委员会编．辞海（1989 年版）[M]. 上海：上海辞书出版社，1994.09: 1138.

2　全国人大常委会办公厅编．人大工作常用法律汇编（2022 年版）[M]. 北京：中国民主法制出版社，2022.05: 360。

教育落后现象不可能一下根本扭转。同时，发达地区与欠发达地区的发展速度和水平仍存差距。为了加快落后地区发展和避免人才发展的不良竞争过程，民族预科教育的生存和发展将越来越具有举足轻重的意义。

实施民族预科教育是保证我国民族高等教育质量的有效措施。少数民族预科教育是基础教育的有益补充，从民族预科教育的目的来看，是帮助基础知识较薄弱的少数民族学生为将来的高等教育夯实基础；从高等教育的功能来看，主要是帮助民族预科学生提高科学文化水平，锻炼能力，加强学生道德素质教育，使学生在德、智、体、美等方面得到进一步发展，促进少数民族学生进一步发展。显然，民族预科教育的定位于“预”“补”结合的特殊教育，其目标是合格，内核是“1+4=4”[1]。这里“1”是指民族学生接受1年民族预科教育学习，“4”指接下来4年的本科学习。因此，民族预科生需要花5年的学习时间才能获得的发展和成长，而那些一般的应届高中毕业生进入大学本科，只用4年就可获得。

（二）当前我国民族预科教育政策内容的实质价值

一般认为，现代教育政策应确立的实质价值标准或者说现代教育价值选择应追求的基本价值目标是“以人文本”“分权”“教育平等”“效益优化”“可选择性”与“多样化”[2]。

我国的民族预科教育政策是针对进入高等教育阶段的少数民族学生，对其实施降分录取，并用1—2年时间为其补习基础文化知识的特殊教育政策。它是根据历史和现实的社会条件，考虑到少数民族地区基础教育落后的事实条件，在尊重民族差异的前提下建立起来的更好地实现民族平等原则而实行的政策，有利于促进和保护全国各少数民族的合法权益，有利于实现民族平等、团结和谐。因此，我国的民族预科教育政策体现着马克思主义民族平等理论，其政策的实质价值也就集中定位为“教育平等”。

1　张晓勤，欧阳常青．新形势下民族预科教育的定位及课程设置探究 [J]. 广西民族大学学报（哲学社会科学版），2008(01): 179-184.

2　刘复兴著．教育政策的价值分析 [M]. 北京：教育科学出版社，2003.11: 112.

（三）现阶段我国民族预科教育正在逐步转型

虽然从政策层面看来，国家对民族预科教育政策的定位还是以“高考补习”“文化补习”为主导，倡导少数民族教育机会平等。根据中华人民共和国国家统计局的数据显示，1999 年我国普通民族预科在校生为 7200 人，到 2010 年上升至 38177 人，2012 年全国普通预科生注册生数为 37700 人，2013 年普通民族预科在校生达到 42514 人。最新数据显示，到 2015 年，我国全国普通预科生注册生数为 50000 人[1]。2002 年 7 月，国务院颁布了《关于深化改革加快发展民族教育的决定》，要求进一步加大对民族教育的支持力度，首次提出了民族预科教育基地的建设，并提出实施培养少数民族高层次骨干人才计划[2]，自 2010 年起，每年在“少数民族骨干计划”培养招生计划中，博士研究生招收 1000 人，硕士研究生招收 4000 人，共计 5000 人。经过过去 60 年的实践，民族预科教育为中国少数民族地区和少数民族培养了近 30 万优秀专业人才。

因此，从现阶段我国民族预科教育的办学规模上看，我国的民族预科已逐渐转型为真正的大学预科，转移到了为全国高等院校输送合格大学生的服务上。我国的高等教育已进入大众化，高等教育事业规模也今非昔比，让民族学生能上大学已不是难题，更多的是加快民族学生的成长成才，提高预科学生的科学文化素质。

第三节　民族预科政策价值的合法性基础

政策的合法性基础也就是其合法性的来源。David Easton 认为合法性是支持政治系统的必要条件，而合法性的价值基础有三个方面，即意识形

1　中华人民共和国国家统计局 . http: //www. stats. gov. cn/.

2　国务院 . 国务院关于深化改革加快发展民族教育的决定 [EB/OL].(2002-07-07)[2015-12-08]. https: //www.gov.cn/gongbao/content/2002/content_61658.htm.

态、结构和当权者个人素质[1]。作为公共政策之一，教育政策合法性也可以从意识形态、结构和个人合法性来研究。那么，我国的民族预科教育政策价值如何获得合法性呢？笔者认为，应该在意识形态、法理基础和有效性上获得和维持实施的合法性。

一、意识形态基础

意识形态反映了一个社会或群体的价值取向和利益取向，它能够影响一个群体或个人的精神和行为，并且能够在观念上支撑公共政策的合法存在[2]。

我国是社会主义国家，实行以广大人民和无产阶级为根本利益的社会主义制度，那么马克思主义便理所应当地成为我国社会的主流意识形态。马克思主义的民族理论对其理论体系来说是主要构成方面，无产阶级和下属部门主要利用民族理论处理民族争端。因此，当我党接受了马列主义的重要指导理论之后，同时就接受了其民族理论，继而建构起解决我国民族问题的指导理论。新中国成立后，我党坚持以马克思主义民族理论为指导，依据中国实际情况，制定并实施了一系列解决民族问题的政策和措施，致力于各民族的团结、平等与和睦。

新中国成立之初，政府着重关注民族教育事业的成长，特别是在民族高等教育方面，对民族教育采用特殊优惠政策。为建设少数民族地方政权，培养少数民族政治领导和熟谙少数民族地区情况的专业技术人员，中央要求青海、甘肃、新疆、宁夏、陕西各省省委及一切有少数民族存在地方的地委，都应开办少数民族干部训练班，或干部训练学校[3]。这一时期的民族预科教育政策的政治性较强，主要任务就是培养民族政治干部，对文化水平低的学员补授文化课，开办预科班。十一届三中全会议后，我党不断

1　(美)戴维·伊斯顿著；王浦劬译．政治生活的系统分析 [M]. 北京：华夏出版社，1999.01: 338-347.

2　欧以克．论新中国民族政策的合法性 [J]. 广西民族研究，2011(03): 28.

3　中共中央文献研究室编．建国以来重要文献选编(第一册)[M]. 北京：中央文献出版社，1997.01: 39.

地发展马克思主义民族理论，继续拟定和实施民族政策，慢慢形成了具有特色的民族理论体系，渐渐选择了一条适应我国国情的处理民族问题的路径。

我国民族政策的理论根本是马克思主义民族理论，它有力地支持了我国民族政策的合法地位，使我国民族预科教育政策得到理念上的合法性，也就使民族预科教育政策在意识形态方面得到了合法性存在。

二、法理基础

民族政策作为处理民族问题、引导和调节民族关系的依据，必须要符合现行法律法规，尊重社会法治的精神，获得法律认可，才能获得政策合法性的法理基础[1]。那么，如何探寻民族预科教育政策法理基础，笔者将从该政策符合基本法律精神和政策具有的法律地位两方面展开论述。

1. 符合基本的法律精神

在人类社会中，法律是维护社会稳定和发展的必要支撑点，是对社会群体关系和行为的规范。一个民族的法律精神，是包含在法律中的基本概念，通过沉淀，深深植根于国民性之中，具有稳定性和继承性[2]。那么，契合法律精神即是获得政策法理基础的重要根基。当代我国以权利本位为灵魂的法律精神，每一个环节都贯穿着与法律现象的逻辑关系。权利本位的观念要求了立法者从权利的角度来确立和分配义务，这符合唯物辩证法基本理论和现代社会的发展方向[3]。单从我国民族预科教育政策的招生对象就能看出其符合权利本位的法律精神，民族预科教育针对少数民族地区的应届高中毕业生，而我国大多数民族地区偏远闭塞，社会经济发展速度较为缓慢，教育水平较为落后，少数民族高中生受高等教育的机会十分匮乏，民族预科教育便是让他们真正享有和其他民族学生平等受教育的权利。民族预科教育的作用不仅仅给是少数民族学生提高学习机会，更是促进社会公平，保障教育平等权利的体现。

1　欧以克 . 论新中国民族政策的合法性 [J]. 广西民族研究 , 2011(03): 30.

2　王博 . 法律的精神 [J]. 法制与社会 , 2011 (35): 292.

3　郭俊 . 权利本位和当代法律精神 [J]. 法制与社会 , 2008 (29): 35-36.

2. 具有相应的法律地位

新中国成立以来，民族法制建设在我国从初步建立到逐步完善，取得了一定的成绩，我国“自上而下”的民族法律法规系统成为拟定民族预科教育政策的“有力靠山”。我国《宪法》第四条规定，国家保障各少数民族的合法权利和权益，维护和发展各民族的平等团结互助和谐关系[1]。这是以国家最高法的方式保护每位民族公民的权利。民族预科教育作为高等教育的一个特殊层次，同样要遵守《高等教育法》的规定。我国《高等教育法》中明文指出，要根据少数民族的特点和需要，帮助和支持少数民族地区发展高等教育事业，为少数民族培养商级专门人才[2]。

从现有法律上看，民族预科教育作为民族工作和教育工作的共同组成部分，是高等教育的特殊形式。民族预科教育的办学定位必须长期坚守这一基本属性。

2005 年《普通高等学校少数民族预科班、民族班管理办法》（教民〔2005〕5 号）第一条明确规定：本办法制定的依据是民族区域自治法和高等教育法。这表明，从立法体系角度看，民族预科办学的法理来源有两个，一是高等教育法，一是民族区域自治法。

（1）我国《高等教育法》规定了民族预科教育的办学性质属于高等教育

第一，民族预科教育的价值意蕴与我国高等教育的立法理念相同。在我国，民族预科的教育价值是高等教育办学理念的衍生与发展，是高等教育办学诉求的明细与落实，其意蕴与高等教育相同。少数民族预科教育旨在弥补偏远民族地区少数民族学生与目标高校之间的距离，是帮助少数民族学生完成大学本科教育而形成的一种特殊教育方式。这种以“弥补差距”

1 全国人大常委会办公厅供稿 . 中华人民共和国宪法 [M]. 北京 : 中国民主法制出版社 , 2018.03: 7.

2 中国人大网 . 中华人民共和国高等教育法 [EB/OL]. (1998-08-29)[2019-01-07]. http: //www.npc.gov.cn/npc/c30834/201901/9df07167324c4a34bfbc44700fafa753.shtml.

为色彩的教育特质贯穿少数民族预科教育的办学始末。改革开放以来，持续改革的少数民族预科教育一直加强调以“平等”的价值理念对我国高等教育资源进行配置。这一以平等正义为色彩的价值意蕴，符合少数民族教育工作的一贯传统，更是我国民族预科教育依照《宪法》和《高等教育法》所主张的“平等”的教育方针和理念的体现。例如，我国《宪法》第四条、第十九条、第二十三条、第四十六条，《高等教育法》第八条等，都体现了“国家帮助和支持少数民族发展高等教育事业”的理念，这也正是我国民族预科教育的指导思想。

第二，民族预科教育的学习主体与高等教育的对象具有同一性。少数民族预科教育的主体是少数民族学生。根据《高等教育法》第一章第二条中“本法所称高等教育，是指在完成高级中等教育基础上实施的教育”，高等教育的学生主体应当具备以下基本条件：一是主体应已完成了中等教育，二是在此基础上进一步深造研学。少数民族预科学生是完成了中等教育、参加了高等教育统一入学考试的学习主体。他们进入高校后，通过特殊的衔接性教育的形式不断加强个人文化素质，最终实现进入目标学校继续本专科教育的学习目标。因此，从教育主体看，少数民族预科学生与高等教育法规定的教育对象是吻合的，应列入高等教育的范畴。

第三，民族预科教育的实施主体与高等教育的实施主体一致。从办学的实施主体看，目前，我国民族预科教育承办单位是由政府（教育主管部门）批准的高校。这些高校负责预科教育的具体实施。作为高等教育的实施主体，高校的办学资格在《高等教育法》第三章《高等学校的设立》中有明文确定。但是，对于少数民族预科教育这种特殊的教育形式是否直接适用于由普通高校承担，《高等教育法》中并无单独说明。但是，我们可以由《高等教育法》相关条文进行逻辑推定。《高等教育法》第二十条规定，“接受非学历高等教育的学生，由所在高等学校或者其他高等教育机构发给相应的结业证书。结业证书应当载明修业年限和学业内容”。由此我们可以推断出，在我国高等教育法之中，民族预科教育符合高校推行非学历教育的特定条款，其办学的实施主体符合高等教育法的法律规定。

第四，预科教育的教育内容符合高等教育的一般标准。从预科教育的教学内容上看，预科教育具有“预补结合”的特征。民族预科教育的教学内容以预科学生的高中课程为基础，对学生进行大量的高中基础课程与大学专业学习的衔接式教学，帮助其完成下一阶段的学习。从实质上看，民族预科教育是建立在高中教育的基础上，对学生进行全方面素质的“拔高”教育，这一点与《高等教育法》中关于高等教育的定性相吻合。可见，两者在教育内容上来说，都是对普通教育的提升。因此，从这个角度来看，预科教育也属于高等教育的范畴。

（2）《高等教育法》规定了民族预科教育是高等教育的特殊形式

从教育形式上看，民族预科教育应纳入《高等教育法》范畴。《高等教育法》第十五条指出：高等教育按照学习结果可分为学历教育和非学历教育。高等教育采用全日制形式和非全日制形式。就现在国内少数民族预科教育的实施情况来看，我国少数民族预科教育为“全日制”“非学历”的教育，不同于一般意义上以全日制学历教育为特征的普通高等教育。但是，这种教育形式没有突破《高等教育法》中的教育形式规定，因此属于高等教育的特殊形式。

（3）《民族区域自治法》规定了民族预科教育是高等教育的特殊形式

少数民族预科教育有其自身的特殊性，其特殊性体现为一方面是国家民族工作的重要组成部分，具有民族工作的特征。另一方面，民族预科教育由教育行政部门组织管理，由高校进行具体实施，因而具有高等教育工作的特性。因此，这是民族工作的特殊性与高等教育规律的一般性的统一，体现为政策导向和学校自主权的并重。

《民族区域自治法》明确规定国家对少数民族教育进行倾斜支持。民族预科教育正是基于此精神进行设置的，其目的在于对少数民族学生接受高等教育提供政策支持和帮助。一方面，党和政府针对少数民族地区教育水平普遍落后的现实，在预科教育阶段对少数民族学生进行补差；另一方面，为帮助少数民族学生顺利完成本科学业，提前加强学生对后期本科阶段学科知识的了解，使学生能够在有指引的情况下进行提前预习，即以加长高等教育实际教授时间的方式促进少数民族学生完成高等教育的学习内容。

三、政策有效性

有效性意味着民族预科教育政策能够充分处理现存的问题并充分完成政策目标。有效性的提高会保障合法性水平，有效性的缺失必定动摇合法性。如若一项公共政策能够保持长期有效，赢得公民支持，那么该政策的合法性便可获得[1]。本研究中，民族预科教育政策的有效性将从两部分阐述：一是为社会输送民族高级人才，一是为民族地区谋福利。

（一）培养民族高级人才

通过一系列民族预科教育政策的实施，全国各高校的民族预科教育学院培养出了大量少数民族精英，为社会各行各业输送人才。中央民族大学作为首批开办预科教育的全国重点高校，为社会和国家培养了大批少数民族高素质精英。例如，玉素甫・哈斯木，男，维吾尔族，1964 年在中央民族大学预科部学习，1993 年任自治区政府副秘书长、办公厅党组成员，为我国西北边疆的社会经济发展做出了巨大贡献；丹增，男，藏族，1965 年在中央民族大学预科部学习，1985 年以来先后任中共西藏区委副书记、中国作家协会党组副书记、中共云南省委副书记等。此外，处于武汉的中南民族大学的预科教育也为社会输送了大批南方少数民族的高级管理人才。比如，麻绍玉，男，苗族，1964 年进入中南民大学预科学院，1988 年以来曾担任中共铜仁区域纪委副书记、书记，1997 年至今先后任国土厅及省国土资源厅副厅长、厅党组成员；梁登松，侗族，1964 年在预科部学习，1990 年、1992 年先后担任贵州省建设工会副主席，总工会政策研究室副主任、基层工作部部长、办公室主任等。

1　欧以克 . 论新中国民族政策的合法性 [J]. 广西民族研究 , 2011(03): 30.

到2009年，内地民族班先后共培养了将近26万名优秀建设人才到的各少数民族地域。我国56个民族都拥有了高层次学历的研究生，硕士、博士已不是各少数民族的稀缺人才。全国拥有民族预科教育的重点和普通高校共300所，共招民族学生265000人，在培养的民族学生共31000人；少数民族高层次人才硕士研究生培养共8500人，在培养的有3000人。

（二）为民族地区和少数民族服务

2014年，在宁夏回族自治区十一届人民代表大会上的汇报中，总结了宁夏地区在第五次民族教育工作会议之后努力发展教育的卓越成果。宁夏以提高教育质量、普及民族地区人民受教育水平为重点进行不懈努力。全国的高等学校对宁夏的少数民族考生进行降分录取，因此录取率年年上升。2010年前，宁夏回族自治区高考录取率为18%，实行加分录取政策后，少数民族高考录取率上升到了34.6%。其中，宁夏大学的预科学院不断增加招生数量，扩大招生规模，并听从国家政策的号召，进行“国家定向少数民族高层次人才骨干计划”，共培养了高素质、高层次民族学生15000人，据统计，其中硕士、博士定向研究生有726人，并且大多数的民族预科生在毕业后回到家乡宁夏，投身于社会建设中去。

实践证明，我国的民族预科教育政策适合我国国情，符合各少数民族人民的根本利益，得到了各少数民族及社会各界的积极拥护，是正确和行之有效的。

四、价值合法化过程

公共政策价值的合法化是公共政策获得合法性的过程，也是政策执行实施的必经之路。这是指政策经过了法律或习惯规定的程序使多数人能够接受和遵行，并使其具有一定约束力的过程。任何一项公共政策必须经过合法化的过程，才成为真正的公共政策[1]。公共政策合法化的过程见图7.1。

1 朱志宏 . 公共政策概论 [M]. 台北 : 台北三民书局 , 1978: 155-156.

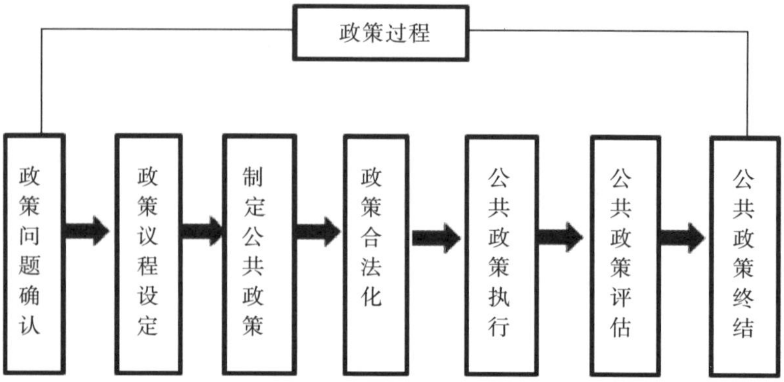

图 7.1　公共政策合法化过程

在我国，政府可以直接拟定公共政策，具体来说，公共政策的合法化需要两个步骤：第一步，明确政策的法律地位的步骤、顺序、方式和时限，根据权力从高到低的顺序，在程序上公共政策要经过立法机关、行政机关和半官方机构的层级才能获得合法地位。第二步，要让公共政策上升到法律层面，就必须经过有关法则规定的程序。首先要提出立法议案，然后进行审查，审议起草的法案，在得到有关立法部门的批准后才能公布实施[1]。

可以看出，公共政策的合法化是政府有关部门使已拟定出的公共政策拥有某种合法性效力，能达到一系列规范实施标准的过程，从而在公共政策执行的过程中省去不必要的“麻烦”。

一项政策在具有合法地位之前，必须经过确定政策内在价值，获得公众认同、支持和广泛的社会基础等一系列程序。因此，本研究中所谈到的“合法化”，既是一种制度性的行政技术，又是一个极为真实的政治过程[2]。换句话说，合法化主体既要考虑如何完善合法化程序、巩固政策合法性地位，又要立足政策诉求，对政策方案在实践中进行适度调整，积极应对公众诉求，从而真正获得政策的合法性。

1　张国庆主编 . 公共政策分析 [M]. 上海 : 复旦大学出版社 , 2004. 11: 201-202.

2　吴永生 . 公共政策合法化的价值分析 [J]. 陕西行政学院学报 , 2008(04): 56-59.

就民族预科教育政策而言，新中国成立后出台的政策，效力级别都是部门规章，而且都是以“通知”“办法”“意见”“会议纪要”等形式，并未上升至法律级别层面，因而不涉及公共政策向法律转化的步骤。而在政策程序形式上的合法化，由于笔者个人能力有限，无法参与有关部门进行考证。因此，本文主要论述的价值合法化既有技术的合法化，也有目的的合法化。

1. 政策技术实践的合法化过程

新中国成立初期，百废待兴，由于我国急需稳定政权，为了适应少数民族地区政权建设的需要，民族地区急需一大批既懂本民族语言，又熟谙文化知识且具有管理能力的民族政治干部，来改善民族地区政治人才严重不足的情况[1]，然而以常规的办学来教育培养这样的人才，时间上来说不允许，也不能满足民族地区的发展需要。因此，1950 年，一些筹备民族学院和培养民族干部的方案就是为了“发展国家经济建设，而培养能够适应社会主义经济文化建设的高级民族政治干部”这一目的而出台的。这段时间民族预科办学规模迅速扩大，到 1965 年，预科生达到 1448 人，这类专门为民族地区培养的有文化、懂技术的人才成为当时民族地区政治和经济建设的生力军。从国家政治的角度，这一时期的民族预科教育政策获得了政治合法性。

民族预科教育主要培训民族干部的政治性任务一直持续到“文化大革命”爆发。我国的民族教育事业严重受到破坏，“阶级问题”成为马克思主义原理民族问题的本源，已建立的民族观被全盘否认，当时已有的 9 所民族学院被停办取消，从事民族教育工作的老师遭到严重批判，民族预科教育停滞不前，我党民族预科教育政策的合法化进程中断。

改革开放以后，随着我国工作重点的逐渐转移，国家对民族教育工作重新进行了规划部属，经过了 30 年的发展，国家的目标不再是稳定政权，而是经济文化建设。因此，民族预科教育政策的培养目标也由原来“来者

1 宋太成 . 民族预科教育简述 [J]. 民族教育研究 , 2002(04): 16.

不拒”帮助基础知识薄弱的民族学生，改变成为全国高校培养合格的少数民族大学生，把招生录取的标准与高考招生结合起来。这一时期，国家教委连续发布了一系列鼓励全国高等院校继续办好民族预科的政策、规定、通知，于是更多的高校积极举办预科班教育，培养更多的少数民族人才，加快我国民族地区社会主义现代化建设。其间，全国更多不同类型的高校举办民族预科班，招生规模也不断扩大，社会大众及少数民族群体看到了民族预科教育政策实行的有效性，对民族预科教育政策的社会认同度渐渐增强。因此，这一时期民族预科教育政策的合法性重新恢复。

20 世纪 90 年代以后是一个全新的历史阶段，党的十四大召开、邓小平南方谈话、国际格局变化等一系列事件，使党中央深刻认识到民族问题的重要性，“民族、宗教无小事”。2001 年人大常委修订《民族区域自治法》,使关于民族政策的上位法更加完善,要求各民族公民不管在现实中，还是在法律地位上都拥有同等的权利。因此，努力发展教育事业、培养各种优秀高素质高层次的人才以实现祖国振兴，成为我国民族地区一条必须坚持的路径选择。于是，21 世纪以来，教育部连续下发关于民族班培养、管理的系列政策文件，尤其是 2005 年教育部下发的民族预科管理规定，对预科班的招生计划、民族成分确认、招生录取、预科教学、结业收费、责任追究等六个方面做出详细规定，这标志着民族预科开始走向科学、规范的形式。这一时期，我国民族预科教育的合法化进程加快，政府加大对民族预科教育的重视程度，陆续出台相关政策，民族预科教育政策的条例规定进一步明确，内容愈加充分，方式方法不断创新。

2. 政策目的的合法化过程

要获得政策的合法性，民族预科政策必须要经过政策目的的合法化过程。笔者将从政策价值的理论基础和国外民族预科教育经验两方面进行论述。

首先，我国民族预科教育政策价值的理论基础由两部分组成。一方面，学习成绩和语言这两者密不可分，社会语言代码理论常被用来解释学习成绩差别的原因[1]。少数民族在我国有1.17亿人口，29个民族以54种文字作为日常交流的工具。汉语被我国政府定为国家通用语言，也是各民族交流的“桥梁”语言。少数民族地区学校教师虽然可以使用“双语”教育学生，但是教学内容、评价标准和选择形式却是统一的。根据民族地区中高考录取学生的民族成分分析，汉族考生具有绝对性优势，民族考生录取率远低于汉族考生。那么，在预科教育中，通过文化补习，可以帮助少数民族学生提高汉语言水平，从而提高其学业成绩，增强其学习动机。另一方面，就高等教育的功能来说，高等教育承担着维护国家体制机制运行的作用。当代社会发展中，高等教育是社会公民获取优质社会资源、上升社会阶层的有效捷径。但是，在优胜劣汰的市场经济下，民族地区经济滞后的短板问题始终困扰着少数民族群体，即使政府已作出多方努力，民族地区学生社会竞争能力较弱的问题没有改善。因此，民族学生接受高层次教育，可以通过后天努力增强社会竞争力，更好地加入社会竞争。同时，高等教育还有促进国家文化继承和创新的功能。少数民族高等教育的发展，必定有利于构建和谐社会，促进各区域均衡发展，有助于国家稳定和发展，促进民族团结。

其次，美国作为西方高等教育体系最为发达的国家，不断探索少数民族学生在高等教育中教育权利的平等，并积累了诸多实践经验，这些优秀的经验值得我们借鉴。在美国，除了欧裔白人以外的其他民族，都被认为是少数民族。20世纪五六十年代的“肯定性行动计划”是美国探索民族高等教育权利平等的典型例子。这项政策的目的是在升学、就业等方面给少数民族和妇女等群体以优待照顾，之后逐渐发展成为弥补弱势群体竞争力不足的一项补偿措施[2]。虽然这项行动的争议持续不断，但它为美国的弱势群体融入主流社会提供了更多的机会，改善了美国民族之间的尖锐矛

1　张人杰主编．国外教育社会学基本文选（修订版）[M]．上海：华东师范大学出版社，2009.01: 105–123.

2　刘宝存．“肯定性行动计划”论争与美国少数民族高等教育的未来走向[J]．西北民族研究，2001(03): 171–178.

盾，有利于民族间在知识传授上的公平性，也为日后美国推行更多的多元文化政策打好坚实的基础。

第四节　我国民族预科教育政策的合法性危机及其根源

“合法性”在政治学中，意味着一国的政治秩序被社会大众承认。哈贝马斯认为“合法性（化）危机”是一种认同感的危机，他认为人民对当权政府制度的极度不信赖，是国家对社会经济的过度干涉造成的。也有学者在研究发展中国家所面临的各种政治压力时阐述了“六大危机”，分别是认同危机、合法性危机、贯彻危机、参与危机、整合危机和分配危机[1]。

除政治领域的合法性危机以外，诸多社会公共政策方面也出现了合法性危机。公民们正在对我们的制度效力和那些掌权者的意图提出质疑。公民们感觉到公共官员的观点和他们的期望并不一致。这种状况需要理论和实践上的回应[2]。诚然，无论是发展中国家，还是发达国家，都陷入了公共政策合法性危机的泥淖。随着社会不断转型、信息潮流的冲击以及公民社会的迅速成长，我国诸多公共政策中构建起来的合法性受到或多或少的影响。具体来说，当公共政策出现了一定程度不合道德、不合理、不有效等问题时，问题的交互影响会动摇诸多公共政策的合法性。

在这一部分，笔者将“合法性危机”分为三个维度进行研究，它们分别是政策参与危机、政策有效性危机和政策认同危机，以此来展现当前民族预科教育政策合法性的危机现状。

1　（美）鲁恂·W. 派伊著；任晓，王元译 . 政治发展面面观 [M]. 天津：天津人民出版社，2009.04: 80–85.

2　赵瑛 . 公共行政合法性：危机及出路 [D]. 浙江大学，2015: 26.

一、民族预科教育政策合法性危机的表现

（一）政策参与危机

政策参与，其实就是“谁参与了政策”和“政策指向了谁”的问题。公共政策学认为，公共政策的主体包括政府所有拥有政治权力的主体，还包含间接影响政策制定的主体[1]。在本研究中，民族预科教育政策的主体可分为三类：一为决策主体，一般指中央和地方教育行政部门，如民委、教育部等；二是参议主体，包括相关民族教育政策的研究组织、专家小组等[2]；三是政策参与主体，指民族预科生、民族预科教育管理者、社会公众等。通过研究发现，民族预科教育政策的参与危机主要包括以下两个方面：

首先，民族预科教育政策的决策主体合法权威受到质疑。笔者梳理了自1979年以来的民族预科教育政策，发现颁布政策的主要部门有以下16个，它们分别是中国共产党中央委员会、中华人民共和国国家民族事务委员会、教育部民族教育司、卫生部、文化部、国家计划委员会、财政部、国家教育委员会、国家体育委员会、中国广播电影电视部、国务院、国家人事部、国家发展和改革委员会、中国人民银行、国务院扶贫开发领导小组办公室、宁夏回族自治区人民政府。由此可以看出，当前拟定我国民族预科教育政策的部门不止一家，出现了政出多门的趋势。亨利·法约尔在一般管理理论的14条管理原则就明确指出统一指挥原则和统一领导原则。如果政出多门，政策拟定主体的权威则会受到质疑，执行起来会感到不顺利。民族预科教育政策由多个部门拟定，社会公众便会心存疑虑：民族预科教育政策到底归谁管？尽管有些部门可顺理成章地管理民族预科教育政策，对民族预科教育做出决策，如国家民委、教育部民族教育司，但这又出现了一个问题，那就是部门对民族预科教育颁布的政策文件是否科学？

1 桑玉成，刘百鸣著．公共政策学导论 [M]. 上海：复旦大学出版社，1991. 06.

2 张旦生．中小学师德失范治理政策的合法性研究 [D]. 西南大学，2016: 17.

是否合法化？在一般民众眼里，甚至在预科学生的眼里，以上部分部门是难以准确了解民族预科教育状况的，有些可能仅听说过“民族预科教育”这一领域，甚至不知道民族预科教育的定位是什么，单一地把民族预科教育理解为补充教育，那么这些部门作为民族预科教育政策的制定主体就不具备合法权威了，民族预科教育政策决策主体合法性也必将遭受质疑。

其次，政策参与和参议主体边缘化，参与度不足，甚至“普遍失声”。就民族预科教育政策而言，至少在政策的制定过程中应该有最直接的政策对象——民族预科学生和民族预科教育一线教学管理者的参与，才可以保证政策参与主体的合法性。然而，笔者就2016年6月的民族预科会考制度的通知[1]，访谈了从事民族预科教育工作的教育工作者以及曾经受过一年制民族预科教育的学生。访谈的主要问题是：您是否在“民族预科会考制度”实施之前就已经知晓？对这些政策文件有无异议？您是否了解往年国家颁布的有关民族预科教育政策的内容？上级主管部门在制定这些政策内容之前是否向贵单位教师进行意见征集？访谈者回答阐述如下。

访谈对象A：男，49岁，G校民族学院教学主任

A：过去教育部、国家民委颁布的政策，通知下来了，学校开会宣布了就开始实行，没有听说过会征求我们管理教师的建议。我们通常是认真组织学习，学校领导要求我们学院严格执行新政策的规定，根据我们学生的实际情况进行落实。我认为，我们是在预科一线教学的教师，我们是最了解预科学生和学校的预科状况的，就算有什么意见要向上面反映，也是人微言轻，只能按照下达的政策通知认真落实。我认为，政策执行才是重点，政策再好不能好好实施，也是没用的。[2]

访谈对象B：女，20岁，Z校民族预科教育学院在读学生

B：往年的这些政策我不了解，也没有听说过。我只知道现在每年预

1　教育部办公厅．教育部办公厅关于开展2016年普通高等学校少数民族预科学生结业会考工作的通知[EB/OL]. (2016-04-06). http: //www.moe.gov.cn/srcsite/A09/moe_751/201604/t20160419_239132.html.

2　访谈时间：2017年10月19日上午；访谈地点：G校民族教育学院会议室。

科要进行会考，在6月的时候，学院会组织我们参加考试，老师会带着我们复习。也没有征求过我们的意见，只是按照学校的要求来做，按时上课，上晚自习，参加考试等等。[1]

通过访谈，研究者可以获得以下事实：教育部制定的民族预科教育政策犹如空降，不但没有广泛征集民族预科教育管理者、预科一线教师的意见，也没有聆听在校预科学生的愿望诉求。这就导致政策颁布以后，很多预科学生不能理解政策的真正目的，即使学校尽可能进行了合理的解释，但没有经过征求民意的政策一时也很难被预科学生接受，这样政策受到的质疑也会越来越多，进而导致政策执行不力、政策执行效果不佳的状况。笔者不禁反思，这样的政策文件对于推动民族预科教育发展的实际效果会有多大，它只是从中央文件到地方院校的执行，作为民族预科教育政策的参与主体并不会真正参与政策的制定，那么政策能否代表广大民族预科教育学生的利益，能否实现为国家、为党和政府培养少数民族优秀人才，解决民族预科教育问题的政策初衷。

总之，脱离了政策参与基础制定的政策，使决策主体合法权威受到质疑，民族预科教育政策的参与危机是该政策合法性的最大隐患。

（二）政策有效性危机

公共政策能从其良好的有效性中获得合法性，如果一项政策总体来说基本能反映出政府所持的价值精神，基本满足人民的需求，但是从另一些层面上看来，存有一些不如意的地方，仍会影响政策的合法性。笔者通过研究发现，民族预科教育政策出现了公正性缺失、政策效率低下和政策失效三个方面的有效性危机。

第一，政策有失公平。这主要体现在民族预科教育政策的招生政策中。2007年，温家宝总理在“两会”报告中提到，教育公平是至关重要的社会公平。由此可见，教育公平是拟定民族政策时必须关注的重点。顾明远

1 访谈时间：2017年11月7日上午；访谈地点：Z校民族预科教育学院。

认为："教育公平有三层内容：一是入学机会公平，二是教育过程公平，三是教育结果公平。"[1]因此，当前民族预科招生政策的内容都呈现出适度的优惠倾向，照顾少数民族学生，以促进教育公平。2003年，教育部对高校预科班招生分数进行规定，要求录取分数不得低于高校在该地方分数线以下40、60和80分[2]。2012年，教育部又强调不得低于同批次提档线以下80分[3]。

然而在招生政策具体的实施过程中，研究者了解到，部分教师家庭的孩子，相比其他的（贫困）学生家庭经济条件更优越，学习成绩也更好。这是由于少数民族群体内部的经济等原因而产生了"优势群体"和"劣势群体"，资源具有向上流动的特性，"优势群体"更易获得民族预科招生政策的资源，因此，政策对象逐渐集中在这些有一定经济、社会地位的少数民族社会"优势群体"的子女身上，那些应该享受招生政策倾斜照顾的社会阶级、低收入的"弱势群体"反而没有受到优待。这种现象不仅违背了实施民族预科教育的初衷，使得民族预科招生政策有失公平性，而且未能真正体现教育公平公正的价值要求。因此，民族预科招生政策的有效性出现了问题，其政策合法性则会遭到质疑。

第二，政策效率低下。这个问题反映在民族预科教育课程政策上。就民族预科教育的课程设置来说，预科期间以补习高中课程为主，加强汉语文教学。1993年，国家教委公布了四种适合民族预科教育的主要教材，分别是《基础汉语》《阅读与写作》《数学》《英语》[4]。1996年以来，实行统一教学计划、统一教材、统一教学标准，强调预科课程与本科课程

1 顾明远 . 教育公平与和谐教育 [J]. 比较教育研究 . 2008(04): 7.

2 教育部办公厅 . 教育部办公厅关于全国普通高等学校民族预科班、民族班招生、管理等有关问题的通知 [J]. 教育部政府报 , 2003(04): 189–190.

3 国家民委、教育部关于下达2012年国家民委所属院校少数民族预科招生来源计划的通知 [EB/OL].(2012–05–09). https://www.neac.gov.cn/seac/xxgk/201205/1073000.shtml.

4 教育部民族教育司编 . 民族教育文件汇编 (1991—2001年)[M]. 北京 : 红旗出版社 , 2004.07: 329.

的衔接[1]。然而，通过对在读预科学生进行访谈，笔者发现民族预科教育的课程设置主要呈现两方面的问题。

首先，选修课门类设置单一，缺乏科学性，内容以高中课程为主，学生学习动机不强。一名来自新疆的柯尔克孜族女生这样反映："我觉得我们的选修课不一定要分为理科和文科，因为有些高中学过理科的人可能不想再学习物理和化学了，而且现在从别的学校请来的选修课老师也不是很了解我们，只是重复高中学过的内容，还没有化学实验课，只是干讲知识点，学习就很枯燥无味，所以我觉得可以多开设几种选修课，供学生自己挑着上，不一定分成理科和文科，让他们固定去上。"一名来自新疆的维吾尔族女生说："我是理科的，我的目标院校是沈阳工程大学，我的目标专业是经济类的。我觉得现在我们的物理和化学选修课对以后目标学校的专业并没有什么用处，学校应该多问问学生想上什么选修课程，然后再开。"[2]

其次，教材编写内容较为单一，教材内容与会考考纲脱钩。从事民族预科汉语文教学的Z老师和部分同学都对此有所反映。Z老师说："现在也有一个困惑，就是我们语文教材的练习册和会考考纲是没有结合的，有点脱钩。在我们的教学过程中，老师花很多时间领着学生做、练，然后考完试学生反映，考试的时候这里面没有啊。我觉得练习册和教材和考纲脱节了。因此，平时我们进行教学的时候就以教材为主，练习册有相关的知识点就讲，没有就不讲。"[3]一位来自东北的满族男生反映："我们必修课的教材变得有些单一，数学教材后面有例题，但大多都是一个类型的题目，考试时候的题目涉及并不多，而且平时老师不会带领大家学习练习册。"[4]

综上所述，民族预科教育课程政策中，选修课门类设置单一、缺乏科

1 黎晓晴 . 我国高校民族预科教育政策研究 [D]. 广西师范大学 , 2015: 23.
2 访谈时间 : 2017 年 10 月 19 日下午 ; 访谈地点 : L 校民族教育学院会议室。
3 访谈时间 : 2017 年 10 月 19 日上午 ; 访谈地点 : L 校民族教育学院会议室。
4 访谈时间 : 2017 年 10 月 19 日下午 ; 访谈地点 : L 校民族教育学院会议室。

学性，教材编写内容单一、与会考考纲脱钩等问题，使预科教师和学生产生“吃不饱”的不满情绪，从而进一步导致课程政策的效率低下，更有甚者会造成预科学生学习质量下降，丧失学习积极性。这都会造成民族预科教育政策的有效性危机。

第三，政策失效问题。这个问题主要体现在民族预科教育政策的教师政策中。民族预科教育教师政策中对预科教师的学历结构、职称评定、教学科研活动和岗位晋升都做出规定，例如，1984 年教育部就对预科教师政策进行了说明，对预科教师的编制要求放宽，还考虑到民族预科教学的特殊条件，要求合理折算教师的工作量和晋升职称等[1]。

然而，当前民族预科教育的教师政策中提到的“有关评定和晋升职称、折合教学活动工作量”的工作并未在预科单位展开，教师政策没有照顾到民族预科教师工作的特殊性，预科教师职称评定标准也不合理，同本科教学教师没有区别。当研究者问到民族预科教师的职称评定是否和从事本科教学的教师有区别时，L 校民族学院副院长 N 老师回答：“职称评定方面和他们（本科教师）是完全一样的，对从事预科教学的老师没有倾斜，像我们教语文的 Z 老师属于马克思主义学院，职称评定的时候要回到马克思主义学院其所在的专业排队。我们民族教育学院没有评职称的推荐，没有特殊政策，而且在民族教育学院从事管理工作的教师不能参加教师职称评定。”此外，从事英语教学的 M 老师说：“首先，我们民族教育学院，无论是教课的老师还是管理的老师，没有奉献精神是不可能来的。预科教学和管理的工作量非常大，是和本科教育完全不同的，像学院书记负责学生的日常管理，白天上课，晚上去学生宿舍查寝。领导型的老师也很努力、很辛苦，这么大年纪晚上还要去学生宿舍值班到半夜。其次，我们从事少数民族教育的老师想读个博士都非常难，虽然我们都不是博士，就是国家有政策说少数民族培训基地的老师包括汉族老师都享有这个可以读博的政策，但像我们 L 省就没有按照这个政策执行。所以我们从心底里还是希望

1　吴仕民主编 . 中国民族教育 [M]. 北京 : 长城出版社 , 2000.04: 515-518.

国家能有政策给我们一个优厚待遇。”Z 老师也补充道：“我们各位老师在没有国家相应条件待遇的情况下，已经在努力为民族预科教学工作，想办好预科，无论是管理还是教学，老师们都是额外在做。如果政策上再有所倾斜，那就是更好的事情，像职称评定、课时认定、科研评定这些方面，如果有政策性的指导那就太好了。”[1]

由此可以看出，目前民族预科教师的职称评定是沿用本科教师职称评定标准的，就是说民族预科教师必须具备一定的科研水平，有一定的科研成果才能申请高一级别的职称。但是，从事预科工作的教师平时忙于教学，忙于学生管理，根本没有闲暇时间钻研学术科研，在要使各位预科学生提高学习成绩的巨大压力之下，还要挤时间出来搞科研，这样的政策要求是不合情理的，更不利于民族预科教师提升自身的专业素养及其职业发展。因此，民族预科教育教师政策的有效性广受预科教师们的质疑。

（三）政策认同危机

政策认同和民众的心理活动有关，是一种社会公众对政策产生的意识上和情感上的归属感。如果社会公民认同一项政策，那么就会对政策的规定、规范自觉支持并贯彻落实。本研究中，社会大众对民族预科教育政策的认同危机主要体现在以下两方面：

首先，质量政策的考核方式认同度不一。民族预科教育的质量政策是在民族预科教育阶段对预科人才培养质量标准做出认识和规定的各种法规性文件。例如，2005 年教育部印发的预科管理办法规定：“对办学条件符合要求、教学质量优秀、办学成绩突出、办学效果好的高等学校给予通报表彰；对达不到标准的高等学校给予限期整改；对全部或大部分评估指标达不到标准又无条件整改的高等学校，终止办学资格。”[2]2016 年，教育部实施民族预科学生结业会考的通知，要求学生会考成绩不低于权重

1　访谈时间：2017 年 10 月 19 日上午；访谈地点：L 校民族教育学院会议室。

2　教育部关于印发《普通高等学校少数民族预科班、民族班管理办法（试行）》的通知 [J]. 中华人民共和国教育部公报，2005(Z2): 73–77.

30%，并算进课程结业成绩总分[1]。

本研究发现预科学生的质量政策存在很大争议，这主要体现在“学分制”和“预科会考制度”上。在“学分制”方面，我国高校预科目前只有中央民族大学进行了学分制的尝试，其他高校预科还在延续传统学年制的教学管理方法。中央民族大学的民族预科教育学分制改革的具体做法是将民族预科的英语课程与大学本科的大学英语结合在一起，预科学生参加英语考试，合格者的学分随人进入本科，之后进行本科学习。近十年的学分制改革在取得成效的同时也呈现出了许多弊端。其一，预科与本科的教学形式存在差别，学生受不同教学形式管理，而且教学检验手段不同，预科生和本科生的成绩无法“一碗水端平”，对预科学生造成成绩困扰，错失“评优”的机会；其二，预科英语教师师资力量薄弱，缺乏经验丰富且能独当一面的教师，无法依托本科教学资源[2]。因此，学分制对英语教学管理和学生自身都造成很大的困扰。L 校目前还未实行学分制，在走访调研中，笔者就学分制对预科学生进行了介绍并获得了一些他们对学分制的看法。“学分制不一定好，因为学分制实行以后，那些基础不好拿不到学分的同学就要一直延期学习。我们来自不一样的地区，家庭条件也不一样，那就意味着要一直交学费，有些家庭是无法承受的。”这名同学主要出于对家庭经济造成负担考虑。还有同学认为现阶段的“学年制”比“学分制”好，因为学年制也要求学校承担了预科学生培养质量的责任，“我认为一些同学升入预科，如果学校管得不严，可能会出现爱旷课、学习不积极、自由散漫的情况，这样造成成绩下降拿不到学分，最后要延期预科，跟学院的管理也是有直接关系的。”[3]由此可见，不论是在已改革的中央民族大学，还是在未实施的 L 校，学生和教师对”学分制“质量评价政策的认同度

1　教育部办公厅 . 教育部办公厅关于开展 2016 年普通高等学校少数民族预科学生结业会考工作的通知 [EB/OL]. (2016-04-06). http://www.moe.gov.cn/srcsite/A09/moe_751/201604/t20160419_239132. html.

2　文华俊，李璐 . 学分制在少数民族预科英语教学中的障碍评析—— 以中央民族大学预科英语教学为例 [J]. 民族教育研究，2015, 26(02): 135.

3　访谈时间 : 2017 年 10 月 19 日下午 ; 访谈地点 : L 校民族教育学院会议室。

不一。

在“预科会考制度”方面，在实施民族预科会考制度之前，对民族预科教育质量的考核一直存在诸多问题，如各院校自主命题、考核内容单一、缺乏统一管理等。实行会考制度之后，很多问题得到了改善。L校民族教育学院的Z院长对“会考好不好”的问题表达了以下看法：“起初在2011年的时候，我是非常反对的，因为考虑到我们生源质量低的情况。现在我觉得全国建立一个统一的民族预科考核制度是十分必要的。规定会考后，我们教学上就使用了教育部统一编写的教材大纲，因为全国培养预科学生的标准是统一的，不然就只能每个单位自己拿标准，这是不科学也是不合理的。”[1]但同时，由于会考而造成的困境也逐渐显现。对学生来说，许多学生把精力过多地投入语文、数学、英语这三门课程的学习上，从而影响了对计算机、民族理论、化学、物理等学科的学习投入度。另外，对预科学生的综合素质考核还未纳入会考范围，对学生的德智体美劳各方面的素质评价还未涉及。有些预科培养学校在政策中“不低于30%权重计入课程结业考试总分”的规定上做手脚，向上级单位汇报虚假成绩，使会考流于形式；更有甚者，有些单位压根不理会这项考核制度，造成预科结业会考工作在2017年无法顺利开展等问题。各预科培养单位对“民族预科会考制度”的认同程度不一，这些问题引起诸多学者关注。

其次，社会对民族预科教育政策的认同危机。2014年7月，《中国民族报》发表了一篇《少数民族预科班：机会还是“鸡肋”？》的文章，文中表示，有人认为预科教育是一个能上理想大学的机会，有人认为民族预科教育就是对民族学生的一种变相复读，有人提出预科是少数民族学生的一门必修课，是为了日后能顺利升入自己的目标专业的最好途径，还有人认为预科政策还需要不断完善，有改进的余地[2]。此外，民族预科教育政策还受到了一些人大代表的关注。2014年，全国人大代表哈丽丹·阿

1　访谈时间：2017年10月19日上午；访谈地点：L校民族教育学院会议室。

2　王珍．少数民族预科班：机会还是“鸡肋”？[N]．中国民族报，2017-7-29(003).

不都卡德尔在第十二届全国人大二次会议新疆代表团分组讨论会上，提出取消“民考汉”学生在普通高校的预科制度的建议，认为部分预科学生在预科期间过于轻松，养成不良学习习惯，日后会对自己和家庭造成一定影响，此建议引起了另一位人大代表阿不都拉·阿巴斯的共鸣。2015 年，在新疆维吾尔自治区第十二届人民代表大会第三次会议上，阿勒泰地区代表团认为，“民考汉”学生已经具备了汉语文化知识，因为他们在接受基础教育过程中，与汉族学生毫无差别，因此建议取消“民考汉”的大学预科制度。

二、民族预科教育政策合法性危机的根源

一般来说，教育资源投入不足、社会价值多元发展、法律制度不完善、社会知晓度不足、理论供给不足等原因都会产生政策的合法性危机，这些影响因素轻则导致政策失效，造成资源浪费，重则会激化社会矛盾，影响民族团结、国家统一。因此，厘清民族预科教育政策合法性危机产生的原因对研究民族预科教育政策的合法性问题乃至提出提升政策合法性的建议是十分重要的。

（一）教育资源投入不足

1. 财力资源投入不足

财力资源投入的多少可以衡量一国政府是否有支持公共事业发展的意愿，这是任何公共事业得以顺利进行的根本保障。政府重视教育事业的发展，首先就需对其进行财政拨款，保障教育事业的顺利开展，然后各地区会出台一些优惠政策惠及该领域，并给予财力资助。

在民族预科教育方面，国家民委、教育部包括各省、自治区都有专项的资金拨款，用以支持民族预科培养单位扩大招生规模，提高办学条件，保障高校对民族预科学生的培养质量，推进预科教育的发展。依照相关规定，按招生的标准和筹办民族预科所需的硬件设施，例如预科生培养过程中必需的教学设施、供学生学习的书籍材料一并归入该民族预科培养单位

的全校规划里，来保证民族预科教育有充分的培养资源。因此，财力资源的投入从根本上保证民族预科教育的发展。

笔者通过获取2014年中国教育统计年鉴数据得知，2014年全国普通高校生均公共财政预算前10位依次为：北京58548.41元、上海27111.70元、西藏22714.97元、天津18667.98元、宁夏17948.27元、内蒙古17682.18元、江苏15728.38元、浙江14868.84元、广东14361.68元、新疆14289.26元[1]。由此可以看出，这几年国家对民族地区高校投入在持续加大 。但是，民族地区高校财政情况依然不容乐观。笔者统计了2014年武汉大学（武汉）、中国人民大学（北京）、复旦大学（上海）、四川大学（成都）和郑州大学（郑州）五所全国知名高校的财政拨款收入，分别为236388.23万元、172070.30万元、205522.23万元、211174.17万元、274681.00万元；还统计了中央民族大学（北京）、西北民族大学（兰州）、北方民族大学（银川）、广西民族大学（南宁）和青海民族大学（西宁）五所民族类高等院校的财政拨款收入，分别为70206.37万元、75349.84万元、52842.10万元、23236.17万元、25769.85万元。[2]从这些数据中能够明显看出，政府对少数民族高等学校的财政拨款数远低于其他重点高校。这些少数民族高等学校多处在欠发达地区，还担负着培养未来少数民族高级人才的重任。少数民族教育还存在很大的资金缺口，那么少数民族预科教育可以从中获得的资源则更少。

因此，民族地区财政能力有限，民族教育资金缺口较大，民族预科教育事业的发展缺少最强有力的经济保障，那么将难以持续保证民族预科教育的合法性。

2. 人力资源投入不足

对民族预科生培养起到关键作用的是人力资源的投入，这是资源投

1　教育部，国家统计局财政部 . 2014年全国教育经费执行情况统计公告 [EB/OL]. http: //www.moe.gov.cn/srcsite/A05/s3040/201510/t20151013–213129.html.

2　数据来自各高校门户网站。

入的核心环节。衡量人力投入最基本的指标是生师比。此外，人力资源投入还要追求效率的最优化，师资队伍的职称结构、学生就业率、师生比等也要达到一定的指标。负责民族预科教育培养的各单位与其他本、专科高校不同，他们的预科学生具有多元文化的知识背景，相应的教学任务和培养方式也就不同，因此，承担预科生培养任务的学校，要根据这些特殊的培养方式和要求进行教育和管理，整合师资队伍，安排学术素质较高、了解民族学生文化背景的教师队伍，还要配备一定数量的心理辅导教师。

但就现阶段而言，不管中央民族大学，还是调研地的 Z 校、L 校，都面临着教师资源严重不足的窘境。调研发现，2016 年，L 校民族学院本科预科学生共 445 人，民族教育学院管理教师共 8 人，任课教师（都是来自其他学院的任课教师）共 80 人，其中仅有 14 人拥有博士学位学历，约占预科教师总数的 17.5%，教授 8 人，占任课教师总数的 10%，副教授 38 人，占任课教师总数的 47.5%。由此可以看出当前民族预科教育的师资队伍严重不足，预科教师学历结构不合理，并且教师年龄结构不合理，50 岁以上老师所占比例较少，且面临即将退休，30 岁左右的年轻教师人数较多。因此，师资队伍职称、年龄、学历结构的不合理，师资队伍质量不高，高职称教师严重不足，也制约了民族预科教育教学水平的提高，影响民族预科教育政策的合法性。

3. 物力资源投入不足

物力资源投入是指国家和各地方政府对高等学校的教学建筑面积、实验室规模、相关实验仪器设施的投入。物力资源投入是民族预科教育资源投入的重要内容。

民族预科学生在预科期间，既应拥有同本、专科学生一致的优质学习环境，更应让他们在预科期间过得安心、舒适，要尊重各民族的风俗习惯和饮食习惯。因此，校舍、食堂、教学设备、图书资源及音响资料等一项都不能缺少。在调研中，L 校预科学生普遍反映，校内的图书馆资源、体育馆资源、博物馆资源等，本科、预科学生都可以随意使用，图书馆电子阅览室可以为同学获取互联网信息，但是图书馆中的以少数民族语言编的书籍，如维语书籍、蒙语书籍数量较少，不能满足少数民族学生的阅读需求；并且在学习理科选修课物理和化学两门课程时，却无法使用实验室资源，学习物理课却不做物理实验，学习化学却没有化学实验课，使学生缺乏了动手操作实验的能力。这些都是高校物力资源没有得到高效配置、投入不足的表现，会导致民族预科教育事业不能持续高质量发展。

（二）法律制度不完善

我国在社会主义各方面的法治建设过程中，首先要做到有法可依，对民族预科教育来讲，也是这样。当前我国民族教育立法进程还略有不足，没有起到对民族预科教育乃至民族教育事业的引领作用。

1. 我国民族教育法律体系尚不健全

首先，就当前我国的法治环境来讲，目前我国的民族法规体系尚不健全，还有很多地方需要完善，在《宪法》之下，至今还没有关于民族事务的基本法律，一些对规范民族问题的法律法规尚待制定，民族立法领域存在很多空白；在处理民族工作和民族预科教育的各种问题时还不能做到有法可依、有规可循。2002 年，国务院副总理李岚清就提出国家民委和教育部要尽快研究和起草《少数民族教育条例》，为民族教育的发展提供法律保障，但后来因种种原因仍然没有颁布实施，《民族教育法》的制定更是遥遥无期[1]。因此，我国民族预科教育政策的法理基础还很薄弱，民族预科教育遇到具体问题时，工作的开展难以收效。

2. 民族预科教育政策数量不足

国家有关部门出台的关于民族预科教育方面的政策文件数量太少，文件出台速度慢、时效低，尚未形成规范的民族预科教育政策体系。笔者通

1　陈立鹏，李娜．我国少数民族教育 60 年：回顾与思考 [J]. 民族教育研究，2010, 21(01): 9.

过网络、书籍查找1979—2016年有关民族预科教育的政策文件，共57项，如图7.2，图7.3、图7.4所示。

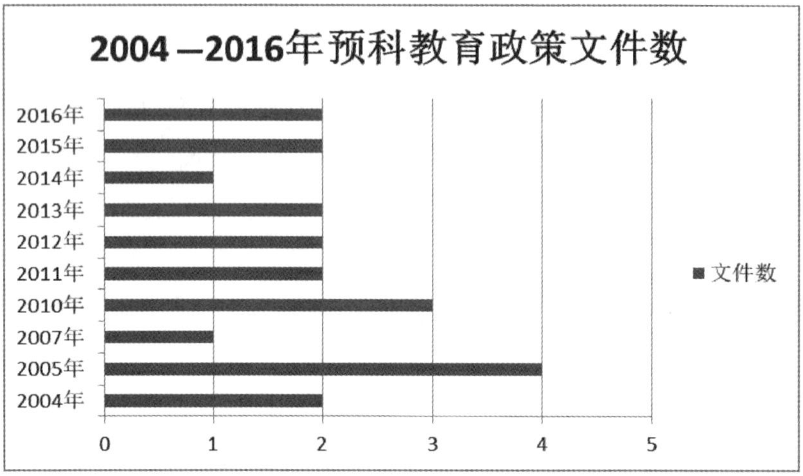

图7.2 2004—2016年预科教育政策文件数

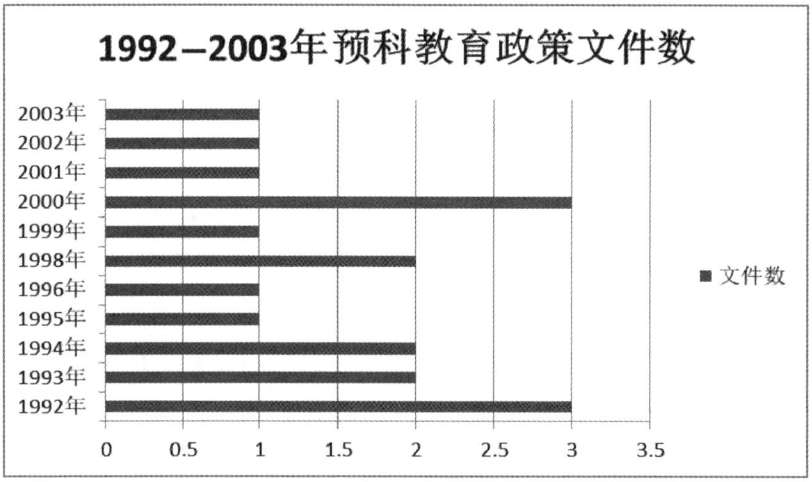

图7.3 1992—2003年预科教育政策文件数

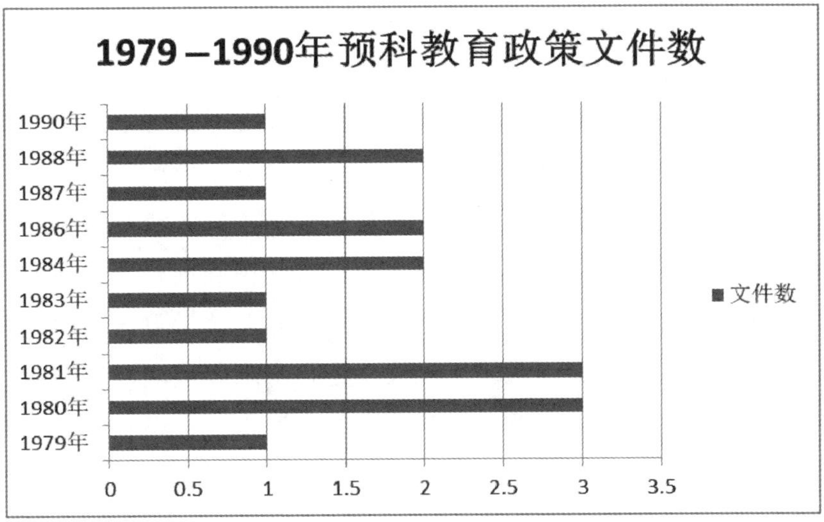

图 7.4　1979—1990 年预科教育政策文件数

由图 7.2、图 7.3、图 7.4 可知，自 1979 年到 2016 年的 38 年间共出台 56 项政策文件，平均一年出台约 1.5 项政策文件，其中 1985 年、1989 年、1991 年、1997 年、2006 年、2008 年、2009 年并没有出台相关政策，其他大部分年份每年仅有一两项关于民族预科教育的政策，而且政策效力级别多数部门规章。可想而知，国家有关部门并没有对民族预科教育方面产生高度重视，这就导致在各地方上民族预科教育工作的开展也缺乏强有力的政策支持。

最后，整个社会对民族教育法规政策的监督机制还未建立，人大及有关部门对民族教育法制工作的监督未形成制度，各种民间教育组织学会也没有发挥好教育监督的作用。因此，匮乏的民族教育法制建设、薄弱的民族教育法理基础，为现阶段民族预科教育政策的合法性问题造成危机。

（三）社会知晓度不足

公共政策作为社会治理工具，它的制定和实施一定要在一定的思想文化背景下进行。因此，在公共政策执行过程中，不可避免会带有社会大众的主观判断和价值选择的非理性色彩。[1]

1. 大众对民族预科教育政策的主观臆断

民族预科教育的招生是通过降低录取分数标准，或者根据民族成分加分的方式来选择招收民族预科学生的，被录取的学生由此获得国家的部分学费支持，以减少家庭负担。这样，预科学生和一般本科专科学生就被区别对待开来，然而，很多教师或社会大众将这些民族预科学生贴上了“不合格”的标签。有些教师将预科学生“成绩不好”“学习不主动”的原因归在学生自身水平差上，而忽视了民族学生自身难以适应内地生活、文化背景不同等带来的困难，由此让不少预科学生产生了自卑心理，产生了无形的心理压力[2]。由于社会大众对民族预科教育政策认识不够深入，民族预科生往往被贴上诸如“比较差的”“少数民族”“思想落后”“成绩差”等标签。因此，在预科学生中部分人便自认为自己“低人一等”，通过向同族同学寻求认可和接纳。还有部分学生顺势顺从这一标签，把自己归为标签所指群体，学习积极性降低，学习动机减少。更有甚者会采取激烈的方式如逃学、打架、辱骂老师等一些违反校规校纪的莽撞行为来发泄。

因此，我们可以看到，由于不同程度的社会误解，预科教育政策在客观实施过程中有时会适得其反，不仅没有达到增强中华民族认同度的目的，反而使民族预科学生突出了自己本民族的认同。

2. 民族预科教育政策时效性无法保证

公共政策具有时效性，即公共政策是在一定的环境条件下拟定的，当环境变化、时间变化，公共政策就会丧失一定的作用[3]。比如，每项政策的颁布都有颁发日期和执行期限，过期就要作废，在实施期间还应有一定的效率性。公共政策在实际运行过程中，如果适应一定的社会需求，就会

1 邢玲，高信奇．公共政策合法性的理性考察 [J]. 中共杭州市委党校学校，2009(06): 71.

2 樊常宝．少数民族大学预科生产生自卑心理的原因及解决办法——以广西少数民族预科生为例 [J]. 高教论坛，2011(12): 74.

3 马晓辉．论公共政策的时效性——以“限塑令”为例 [J]. 老区建设，2015(24): 42.

上升至法律层面；如果公共政策在实施中仍然存在问题，不能获得社会认同和应有的效率时，那么政府就会做出适度调整以保证政策的实际效果。

民族预科教育政策的时效性不足影响了现阶段社会大众对民族预科教育的认同度。首先是民族预科教育政策更新频率和政策形式规范的问题。笔者梳理了自 1979 年以来有关民族预科教育政策，发现最具权威规范性的民族预科教育政策仍然是 2005 年颁布的，到目前为止再没有出台诸如此类系统规定民族预科教育招生、教师、经费、课程、管理工作等方面的政策文件。截至 2018 年，民族预科教育在这十多年的发展过程中遇到的新问题和新挑战，是否能用 2005 年的政策有效解决，是否能在文件中找到明文规定，“老政策是否能解决新问题”，这是不少学者心中的疑虑。专门对少数民族预科教育进行规定的政策太少，一些新的规定是在民族工作会议或民族教育工作报告中提出来的，学者们只能对会议报告进行进一步筛选解读，民族预科教育政策的形式尚不规范。

其次，民族预科教育政策效果的不确定性。以 2015 年开始执行的预科会考制度为例，教育部实行民族预科会考制度后，有的预科培养单位为掩盖学生成绩的真实水平，只将部分预科学生的考试成绩进行汇报，这就削弱了政策的权威性，违背了合理检验民族预科学生质量的政策初衷，造成“上有政策、下有对策”的危险局面。

最后，民族预科教育政策能否顺应时代潮流的发展成为疑问。随着“一带一路”建设步伐的迈进，我国的民族预科教育能否在这场造福沿线地区福祉的筑梦空间中肩负培养少数民族跨国人才、民心相同的重大使命，也是值得我们深思的问题[1]。民族预科教育如何做到不忘初心，在我国社会主要矛盾已转化为人民日益增长的美好生活需要和不平衡不充分的发展之间矛盾的背景下，又如何应对新的机遇和挑战，都值得人们思考。

因此，社会大众对民族预科教育政策的误解，认为预科学生是“不合格群体”，还有民族预科教育政策缺乏时效性，都会降低社会大众对民族

1 田养邑，周福盛．“一带一路”中民族教育的开放式发展：使命担当与路径构建 [J]. 西南民族大学学报（人文社科版），2017, 38(09): 214.

预科教育的认同度。

（四）理论供给不足

少数民族预科教育政策的制定需要有科学合理的理论基础，但是目前对该政策的理论分析和研究成果供给存在缺口，影响对民族预科教育准确定位的判断，进一步导致政策的实施和执行不力，使民族预科教育政策出现合法性危机。

本研究中，笔者查找了全国教育科学规划领导小组办公室关于少数民族预科教育政策的立项课题，并统计了中国知网数据库中关于少数民族预科教育政策的 CSSCI 和核心期刊，发现关于少数民族预科教育政策的立项课题和学术成果数量严重匮乏。在少数民族预科教育政策立项方面，笔者查找了 2012 年至 2018 年 1 月的全国教育科学“十三五”规划立项课题名单，结果发现竟无一项关于少数民族预科教育政策的课题立项，只有 7 项与少数民族教育相关的课题，其中有 2 项关于民族团结教育研究的国家一般课题、2 项关于少数民族研究生政策研究的国家青年课题、2 项关于少数民族政策研究的教育部重点课题、1 项少数民族教育法治保障研究的国家一般课题。因此，就国家层面来说，对少数民族预科教育政策课题研究的重视程度不够，进而造成学者们忽视对民族预科政策的研究。

在少数民族预科教育政策研究成果的发表方面，笔者统计了自 2005 年教育部《普通高等学校少数民族预科班、民族管理办法》政策出台后的相关文章，在中国知网收录的 71 篇以“预科教育政策”为主题的文章中，2005—2018 年仅有 5 篇发表在 CSSCI 或核心期刊的文章，以“预科教育”为主题的文章共有 1527 篇。笔者还查找了以“民族双语教育政策”为主题的文章，2005—2017 年共有 21 篇文章发表在 CSSCI 或核心期刊中。

这就说明，对少数民族预科教育政策的理论研究亟待加强，学者们关注的焦点问题多是少数民族预科教育，却忽视了对支撑少数民族预科教育“中流砥柱”的研究。

第五节 提升民族预科教育政策价值合法性的建议

研究者通过第三、四节的分析得出，当前民族预科教育政策的合法性出现了种种危机，并深究了导致该政策合法性危机产生的原因。在此基础上，本节主要提出提升民族预科教育政策合法性的合理建议，改善政策参与、政策有效性和政策认同三个方面的危机问题，以提升民族预科教育政策价值的合法性。

一、提升民族预科教育政策参与的合法性

（一）保证民族预科教育政策决策主体绝对权威性

要想明确民族预科教育政策的决策主体，提升政策决策主体的合法性，那么，民族预科教育政策的决策主体必须具有绝对的权威性。在中央一级，管理我国民族预科教育问题的教育行政部门理应是教育部民族教育司，教育部又是我国最高级别的教育行政机构，民族预科教育政策属于对少数民族高等教育特殊层次的教育问题进行管理的教育政策。因此，发布关于民族预科教育的相关政策，就必须应由教育部牵头，其他涉及民族预科教育管理的机构发布相关补充性政策文件。这样，就合理避免了社会公众对民族预科教育政策决策主体合法性遭受质疑的可能。

（二）发挥科学政策参议主体的合力作用

长期以来，我国教育政策事业较欧美发达国家起步晚，参与民族预科教育政策拟定的专家学者“智囊团”还不完善，研究民族预科问题的学术共同体也严重缺乏，在民族预科教育政策的制定方面缺乏应有的科学咨询过程。因此，就本研究中的民族预科教育政策来说，国家和政府应重视该政策参议主体的参与度，采取相应措施或号召有关民族预科教育的研究学者，逐步形成科学“智囊团”或“学术共同体”，以建立政策的咨询制度，

尤其可以让参与民族预科教育工作的一线教育者们参与到民族预科教育的政策咨询与制定当中，充分发挥各位专家学者在政策决策中的作用。同时，还需保证政府与政策参议主体的沟通渠道畅通无阻，以便随时获悉政策决策的动态过程，及时交流并适时调整民族预科教育政策的问题走向。如此一来，既可为政府拟定民族预科教育政策提供科学有价值的实践材料，解决决策主体的真实需求，又可以及时了解该政策在执行时出现的问题和偏差，以便应用到政策决策过程中。

（三）保证民族预科教育政策参与主体的参与度

要提升民族预科教育政策参与的合法性，就要尊重民族预科教育政策参与者的话语地位和意愿，让从事民族预科教育的教师、管理者和学生们参与进来，获取意见，征集想法，毕竟民族预科教育政策的制定不仅仅是“走过场”“拍脑袋”，而是要遵循民主参与的过程。具体来说，可以组织民族预科教师、学生通过座谈会、论坛、意见征询会等多种面对面交流的方式参与到民族预科教育政策的制定过程中，让他们获得公正民主的权利；也可以让民族预科教育政策的决策主体通过实践走访调查，了解各培养单位预科学生的学习情况，掌握管理者和教师们的真实意愿和诉求，之后汇集材料拟定政策文件，初期采用公开透明的方式向社会公开，用投票的形式征求社会公众和预科学生的意见，以提升政策参与主体的民主性与合法性。

综上所述，我们既要通过明确民族预科教育政策的决策主体来维护管理民族预科教育的主要教育行政部门的绝对权威性，又要发挥相关政策参议主体即专家学者们的科学咨询作用，使民族预科教育政策决策与专家学者的研究紧密结合，以保障政策参与主体即学生与教师的民主性，从而提升民族预科教育政策参与的合法性。

二、保障民族预科教育政策的有效性

（一）建立多元身份和多层次标准的少数民族预科教育招生政策

当前民族预科教育政策的受惠对象是广大少数民族学生。但是这一群体人数众多，层次多样。有些少数民族地区的教育资源丰富且优质，并没有由于经济和地区的原因使民族学生知识文化基础薄弱。例如，恩施土家族苗族自治州地处湖北省这一高考大省，土家族苗族的学生必须同其他民族考生一同较量保证民族学生能够进入优秀的大学进行学习，但从恩施州教育现状来看，土家族学生并没有“低人一等”，反而学业成绩十分优秀。这样看来，招生政策中以民族成分作为标准，不能表达民族预科教育政策实质的价值取向。因此，政策可以从多元化身份和多层次标准来认定政策的适用对象。多层次就是要根据不同的少数民族地区指定不同等级的优惠政策。比如对边疆地区可以采取降 60 分或 80 分的倾斜政策，对内地教育资源优质的地区，根据民族成分和地区不同采取加 5—10 分的加分政策。兼顾民族地区的经济、文化、师资条件、资源程度等“外部因素”，按照学生民族身份的主线，制定相应的民族预科教育招生录取标准和招生政策。除此之外，还要对民族学生进行多元化身份的识别，通过审查、走访，认真考虑民族学生的家庭经济条件、生活水平和生源地质量水平，为家庭贫困和偏远边区的民族学生进行分数上的照顾和优待。因此，建立多层次和多元化身份的招生政策不仅可以对原有政策进行改革，还可以更好地促进教育公平，保障各个阶层的民族学生享受到民族预科教育的的优惠性，凸显民族预科教育政策的本质价值。

（二）优化课程政策

第一，要优化民族预科教育的课程结构。通过研究者的访谈调查发现，目前我国高校民族预科教育的课程设置存在一个普遍性问题，就是选修课数量太少，可供学生选择的范围太有限，往往都是一些必选的选修课。民族预科教育应当适当减少必修课程，根据预科学生对某门课程的喜好程度和开课意愿，科学合理地增加选修课程。民族预科教育的培养目标之一是培养预科学生的专业技术能力，使其成为合格大学生，这就要求把预科学生放到教学的主体地位，充分调动学生的积极主动性，给学生留有自主选择课程学习的空间和机会。

第二，根据学生需求取消一些学科。对于有些与民族预科学生升入本科或目标专业以后联系不大，而学生又不想学的课程，可以取消或降低对学生学习该课程的要求。正如宋太成老师所指出的：预科教育中的理科生，如果他的未来目标专业是人文社会科学类的专科，那么就没有必要在预科阶段学习物理和化学，对他们来说，物理和化学的学习只是被动地学，可能会产生厌恶情绪。据调查访谈所知，这种现象仍然存在，特别是有的民族预科办学单位让所有的学生都学高等数学，而部分学生感到吃力和郁闷，从而减少学习兴趣和主动性。

第三，要不断加强教材建设。目前本科民族预科使用的教材，应不断更新，虽然对于民族预科教材的编写部门来说很麻烦，但对于各预科培养单位学校具体的教学来说，或者对于在民族预科教育工作岗位教育教学的老师来说，都是有百利而无一害的。笔者认为，民族预科教育的教材应该每两年更新一次，并由教育部统一编订教学大纲，在教材编制的过程中可以让多年在预科一线从事教学工作的教师参与进来，制定出更贴合预科学生实际需求的教材。此外，针对民预科学生对教材有些“吃不饱”“吃不够”的情况，我们建议可以根据不同层次的学生编订不同的教材。例如，对于目标院校是“211”“985”院校的成绩优秀的学生，可以制定具有挑战性的教材内容，而不是重复高中课程内容；对于新疆等地母语为少数民族语言的学生，要加强国家通用语言文字教育，加大国家通用语言文字教育教材编写和教学力度，提高学生国家通用语言文字掌握水平。

（三）适当调整教师政策

由于配套政策不合理、工作量超负荷等因素的影响，全国各民族预科教育培养基地都面临一个共同的问题，就是民族预科教育师资严重短缺。因此，我们认为，首先，各预科培养单位要大力进行民族预科教师师资队伍建设，把预科教师队伍建设纳入教学规划，扩充民族预科教育高职称、高学历教师的人员数量，不断提高现有预科教师的队伍素质，加强师德、师风建设，让民族预科教师的人生观、价值观、世界观及宗教观有更高层次的提升。

其次，落实国家有关政策。鼓励民族预科在校教师提升自身学术水平，攻读硕士、博士研究生学位，提升学术素养，加强科研水平。优化民族预科教师年龄结构，加强对青年教师的培养，使他们成为民族预科教育的中坚力量。由于民族预科教育战略地位的特殊性，还要提高预科教师的科学文化素质，了解民族预科学生的特点，学习少数民族习俗，使其能够在学习上对预科生进行教学辅导，生活中排解学生的心理问题。

最后，如何改善及落实对民族预科教育教职人员的职业发展政策及待遇政策，也是广大预科教职人员共同关注的实际问题。鉴于民族预科教育对象的复杂性，在高校少数民族预科管理办法中，明确提出要适当放宽民族预科教育的教师和管理人员的编制，根据预科单位的特殊性和教育任务的不同，各地方院校可按照学院实际情况，对预科教师的职称评定、编制问题进行调整。在现有的基础上，推动民族预科教育教师职称评定政策的改革，适当放宽对教师科研工作量的要求或增加评定职称的名额数量，并且依据预科教师的课时科研压力、预科学校的基础条件、教师执教年限等进行阶梯式津贴补助，从而提高从事民族预科教育工作教师对工作的需求性和对工作职责的归属感。

三、加强民族预科教育政策的社会认同度

（一）改善民族预科教育质量政策

就民族预科教育质量政策执行中出现的问题，本研究认为，在已经实行学分制改革的学校中，应引导预科学生意识到预科生与本科生存在差距的事实，不能既享受降分录取权利的同时，又盯着“本科学习的权利”，应当扎扎实实学习，为进入本科学习打牢基础。在民族预科会考制度方面，

文化课程的考核可根据民族生差异，严格按照教育部、民委的统一考核标准，分层次考核，考核成绩的权重比例也可按照不同的要求进行调整，占该门课程结业成绩的70%。民族预科班应根据内容分类，划分为新疆班、理科班、文科班和艺术班等。按照实际情况，教育部可借鉴全国普通高考制度，制定适合不同类型民族预科班的质量检测办法和考核内容，在全国范围内，进行科学、统一的民族预科会考制度。对于考核综合素质内容方面，教育部、国家民委可制定民族预科生在德育、体育、美育等综合素质上的统一考核制度，可将学生平时参加的活动纳入综合素质评价考核体系，由民族预科培养单位具体组织实施，例如在预科培养单位举行知识比赛、体育赛事、志愿者服务等能够反映预科学生个人品德和个人素质的活动，将学生触犯校规法规的严重程度进行量定扣分，这样综合预科生在校的奖惩、评优、批评通告等日常记录来建立综合素质统一标准，以保证民族预科教育质量政策不会失效，从而提升民族预科教育政策的合法性。

（二）提升民族预科教育政策的社会知晓度

民族预科教育政策的最终实施必须基于社会大众对民族预科教育的肯定和认可，社会大众的评论与反馈会极大影响政策实施的最终效果。通过社会新闻媒体、互联网资源以及建立微信公众平台等线上交流媒介，大力宣传我国民族预科政策的发展现状和已取得的社会成效，让社会大众真正认识、了解、支持民族预科教育，从而达到提升政策社会认同度的目的。因此，让更多的人正确认识并理解民族预科教育政策的实质价值和重要意义，认识到推行民族预科教育政策是我国五十六个民族真正达到教育平等目的深刻落实，人人生而平等。这不但能够减少社会大众由观念问题引发的种种社会矛盾，而且还能够积极推动民族预科教育政策的实施力度和广泛度，从而使我国的民族预科教育政策的程序合法性真正得到巩固。

四、加强民族预科教育政策理论研究

（一）建立民族预科教育法律体系

制定可行举措推进少数民族教育立法工作，是从根本上改变民族预科教育事业的发展面貌、实现民族预科教育新时代发展需要的举措。

国家应尽快研究并出台如《少数民族高等教育法》《少数民族教育法》《少数民族教育促进法》等法律法规，以相应法律法规指导和约束民族预科教育，在此基础上逐渐提高民族预科教育法的法律层级[1]。深刻加强全社会对少数民族教育立法重要性的认识，深刻思考民族预科教育发展的艰巨性和紧迫性，对民族预科教育发展规律保持时刻关注，并实时推动决策层出台适应新时代的民族预科教育政策，从而保证政策的时效性和先进性，不断提升我国教育事业在社会主义现代化进程中的重要战略地位。

（二）加强民族预科教育政策理论研究

开展和加强对民族预科教育政策的理论研究，为实践民族预科教育的发展和改革提供理论指导。

笔者认为，只有以“自上而下”的推进方式支持民族预科教育政策的研究工作才能更好地为民族预科教育政策研究提供支持。换句话说，就是从国家层面重视起民族预科教育，并且带动各科研单位及时设立专项课题，组织教研力量针对民族预科教育政策的实际的执行问题、政策价值定位和民族预科教育在适应新时代的发展过程中出现的新机遇和新挑战，丰富和细化民族预科教育政策体系的理论研究与指导。

再者，借鉴国外对民族预科教育理论的研究，理性归纳分析可运用于我国的丰富经验，取其精华弃其糟粕，并让这些理论成果接受时间的检验，

1　胡炳仙，焦雯静．供给不足对新疆实施双语教育政策的制约及应对策略 [J]. 中南民族大学学报 (人文社会科学版), 2017, 37(01): 23.

对其间出现的问题，应及时总结经验，注重实践逻辑。同时，呼吁广大研究者关注民族预科教育，以问题为导向，积极相关开展研究。

参考文献

一、著作类

[1] 敖俊梅 . 民族教育政策文化分析　以民族预科教育政策为线 [M]. 北京 : 教育科学出版社 .2013.12.

[2] 班克斯 . 文化多样性与教育 基本原理课程与教学 [M]. 上海 : 华东师范大学出版社 , 2010.06.

[3] 克拉克 . 高等教育新论——多学科的研究 [M]. 王承绪 , 徐辉 , 郑继伟 , 等译 . 杭州 : 浙江教育出版社 , 2001.

[4] 布尔迪厄 . 国家精英—— 名牌大学与群体精神 [M]. 杨亚平 , 译 . 北京 : 商务印书馆 .2004.

[5] 伊斯顿 . 政治生活的系统分析 [M]. 王浦劬 , 译 . 北京 : 华夏出版社 , 1999.01.

[6] 国家民族事务委员会教育司 . 新时期民族教育工作手册 [M]. 北京 : 中央民族学院出版社 , 1991.

[7] 哈贝马斯 . 交往与社会进化 [M]. 张博树 , 译 . 重庆 : 重庆出版社 , 1989.03.

[8] 克尔 . 大学的功用 [M]. 陈学飞 , 陈恢钦 , 周京 , 等译 . 南昌 : 江西教育出版社 , 1993.10.

[9] 福尔 . 1945 年以来的德国教育 : 概览与问题 [M]. 肖辉英 , 陈德兴 , 戴继强 , 译 . 北京 : 人民教育出版社 , 2002. 10.

[10] 夸克 . 合法性与政治 [M]. 佟心平 , 王远飞 , 译 . 北京 : 中央编译

出版社，2002.05.

[11] 刘复兴．教育政策的价值分析 [M]. 北京：教育科学出版社，2003.11.

[12] 吕炳丽．我国少数民族预科教育发展回顾和若干现实问题研究 [M]. 北京：中央民族大学出版社，2013.07.

[13] 韦伯．经济与社会 [M]. 林荣远，译．北京：商务印书馆，1997.12.

[14] 中共中央马克思恩格斯列宁斯大林著作编译局译．马克思恩格斯全集 [M]. 北京：人民出版社，1963.

[15] 祁型雨．超越利益之争　教育政策的价值研究 [M]. 北京：高等教育出版社，2003.10.

[16] 苏力，葛云松，张守文，等．规制与发展——第三部门的法律环境 [M]. 杭州：浙江人民出版社，1999.10.

[17] 舒新城．中国近代教育史资料 [M]. 北京：人民教育出版社， 1981.

[18] 唐纪南，张京泽．中国民族院校发展史 [M]. 北京：中国社会科学出版社，2012.

[19] 滕星，王铁志．民族教育理论与政策研究 [M]. 北京：民族出版社 .2009.05.

[20] 李维．国际教育百科全书 (第 6 卷)[M]. 贵州：贵州教育出版社，1991.

[21] 易先培．中国高等学校少数民族预科及民族班教育研究 [M]. 北京：红旗出版社，2010.03.

[22] 俞可平．治理与善治 [M]. 北京：社会科学文献出版社，2000.09.

[23] 袁贵仁．价值学引论 [M]. 北京：北京师范大学出版社，1991.08.

[24] 邬沧萍．转变中的中国人口与发展总报告 [M]. 北京：高等教育出版社 .1996.03.

[25] 吴仕民．中国民族教育 [M]. 北京：长城出版社，2000.04.

[26] 中南民族大学校史编纂委员会．中南民族大学校史 (1951—2011)[M]. 武汉：湖北人民出版社，2011.9.

二、期刊类

[1] 艾比布拉·胡贾 . 进一步办好民族预科教育，培养更多的少数民族人才 [J]. 民族教育研究，2007 (04) : 98 –102.

[2] 敖俊梅 . 中国促进高等教育机会平等政策的回顾—— 基于 1950 年以来民族预科教育政策的研究 [J]. 黑龙江高教研究 .2010(01): 5–8.

[3] 白逸仙 . 建构主义学习理论与创业型工程人才培养—— 英美高校人才培养模式变革的案例研究 [J]. 高等工程教育研究，2014 (05):46–51.

[4] 宝乐日，特木尔巴根 . 内蒙古民族预科教育综合改革探析 [J] 内蒙古财经大学学报 .2015, 13(03): 89–92.

[5] 陈强胜 . 新形势下民族院校人才培养质量观的“变”与“不变”[J]. 民族大家庭，2007 (04) : 50 — 52.

[6] 陈骏 . 创新人才培养模式 全面提升教学质量 [J]. 中国大学教学，2015 (01):4–6+19.

[7] 陈厚丰，谢再根 . 论大学创造性人才培养模式的构建与实施 [J]. 江苏高教，1999 (04):43– 46.

[8] 董泽芳 . 高校人才培养模式的概念界定与要素解析 [J]. 大学教育科学，2012 (03):30–36.

[9] 段雄春，杨用华，曾宪群 . 普通高校成人教育质量评价指标体系及其构建研究 [J]. 继续教育研究 .2010(01): 38–40

[10] 费孝通 . 中华民族的多元一体格局 [J]. 北京大学学报 (哲学社会科学版), 1989 (04):3–21.

[11] 冯建新，张静 . 民族预科教育会考模式改革研究 [J]. 民族高等教育研究，2016, 4(01):7–11+93.

[12] 冯建新，周道军 . 中国少数民族预科教育发展述评 [J]. 民族高等教育研究，2015, 3(05): 39–44.

[13] 葛大汇 . 预科证书与终身教育—— 法国基础教育考察分析 [J]. 上海教育科研，2003 (09): 34–36.

[14] 龚怡祖 . 略论大学培养模式 [J]. 高等教育研究，1998 (01):86–87.

[15] 眭平．基于应用创新性人才培养的创新教育实践 [J]. 中国高教研究，2013 (08):89–92.

[16] 顾佩华，沈民奋，李升平，庄哲民，陆小华，熊光晶．从 CDIO 到 EIP–CDIO—— 汕头大学工程教育与人才培养模式探索 [J]. 高等工程教育研究，2008 (01):12–20.

[17] 哈经雄．中国共产党领导下少数民族教育事业的发展 [J]. 华中师范大学学报 (哲学社会科学版).1990(02): 43–48

[18] 胡炳仙．素质测量法在大学生思想品德测评中的应用 [J]. 江苏高教，2007 (02): 109–111.

[19] 胡炳仙，赵锐．民族院校本科教学质量实证研究—— 基于 N 校教师工作满意度的调查 [J]. 高等理科教育 .2014(01):53–60.

[20] 康晓卓玛．当前我国民族预科教育政策执行中的困惑及其对策 [J]. 西南民族大学学报 (人文社会科学版), 2013, 34(02):223–226.

[21] 甲孬，叶来・叶尔扎提．民族院校预科教育管理探索—— 以西南民族大学为例 [J]. 西南民族大学学报 (人文社科版), 2005 (04):365–366.

[22] 卢炳惠．西部大开发背景下民族预科教育的定位及意义 [J]. 湖南社会科学，2008 (04): 162–164.

[23] 李春光．中南民族大学：预科走内涵式发展道路 [J]. 中国民族，2004, (06):59–60.

[24] 李鹏程，周支香，蒋建军，戴立操．基于模糊逻辑方法的研究生培养质量评价研究 [J]. 教育现代化，2016, 3(22):99–103.

[25] 李娜．高等学校民族预科教育政策的价值选择与实现—— 基于中央民族大学预科学院的实证研究 [J]. 高校教育管理，2011, 5(06):32–37.

[26] 李学阶．预科在发展民族高等教育中的作用 [J]. 中南民族学院学报 (社会科学版).1987(03): 127–129.

[27] 刘红梅，张晓松．21 世纪初高教人才培养模式基本原则探析 [J]. 齐齐哈尔医学院学报，2002 (05):589–590.

[28] 林金德．集中办学：广西民族预科的一个模式 [J]. 中国民族，2004

(06):61-62.

[29] 林锋，席晓靖 . 当代预科教育综述 [J]. 北京邮电大学学报 (社会科学版), 2007 (04):55-58.

[30] 刘贵芹 . 创新高校人才培养机制的探索与思考 [J]. 中国大学教学，2014 (10):4-8.

[31] 潘懋元 . 高等学校的社会职能 [J]. 高等工程教育研究，1986 (03):11-17.

[32] 欧以克 . 论新中国民族政策的合法性 [J]. 广西民族研究，2011(03): 37-31.

[33] 钱民辉 . 建设和谐社会离不开和谐的民族教育 [J]. 西北民族研究，2005 (04):56-61.

[34] 束锡红，马宗正 . 试论西部大开发中的民族预科教育 [J]. 宁夏大学学报 (人文社会科学版), 2004 (05):92-95.

[35] 唐纪南，张京泽，王丽萍 . 由传承教育转向创造教育——关于民族院校人才培养工作改革的思考［J］. 中央民族大学学报，2005 (06): 118-121.

[36] 唐纪南，张京泽，王丽萍 . 民族院校人才培养模式的改革与创新 [J]. 西南民族大学学报 (人文社科版), 2005 (11) : 357-359.

[37] 唐纪南，张京泽，王丽萍 . 从知识教育转向能力培养—— 关于民族院校人才培养工作改革的思考 [J]. 西北民族大学学报 (哲学社会科学版), 2006 (03) : 48-51+101.

[38] 唐善茂 . 创新人才培养应注重个性化发展与多样化教育 [J]. 中央社会主义学院学报，2006 (03):56-60.

[39] 任淑媛 . 普通高校少数民族预科会考问题探析—— 以宁夏大学民族预科教育学院为例 [J]. 文教资料，2015 (24): 114-115+152.

[40] 饶世权 . 论思维科学视域的科技创新人才培养 [J]. 科技管理研究，2007 (10): 217-218+221.

[41] 宋太成，刘翠兰 . 少数民族预科教育培养模式研究与实践 [J]. 黑龙

江民族丛刊, 2005(01): 101–104.

[42] 王伟廉. 人才培养模式：教育质量的首要问题 [J]. 中国高等教育, 2009 (08):24–26.

[43] 韦鹏飞. 造就少数民族高级人才的金色桥梁——普通高等院校少数民族预科教育 60 年的回顾与展望 [J]. 中国民族教育, 2009 (10): 17–19.

[44] 徐理勒. 论联邦德国高等工程教育的发展趋势和改革措施 [J]. 外国教育研究, 2002(04): 42–45.

[45] 俞信. 对素质和人才培养模式的基本认识 [J]. 高等工程教育研究, 1997 (04):9–11.

[46] 严玉明. 21 世纪少数民族预科教育的改革与发展 [J]. 中央民族大学学报, 2003 (02)33–38.

[47] 张广君. 民族预科教育的基本定位、基本属性及其研究 [J]. 宁夏大学学报 (人文社会科学版), 2004 (05):85–87.

[48] 张晓勤, 欧阳常青. 新形势下民族预科教育的定位及课程设置探究 [J]. 广西民族大学学报 (哲学社会科学版), 2008 (01):179–184.

[49] 张文皎. 教育国际化与人才培养模式变革 [J]. 教育与职业, 2006 (26):20–22.

[50] 朱广宇, 蒋永红. 科学发展少数民族预科教育 促进各民族共同稳定发展 [J]. 中国高等教育, 2015 (Z1):59–61.

[51] 庄玉先. 预科教育在民族高等教育中的地位和作用 [J]. 西南民族学院学报 (哲学社会科学版).1994(S1): 109–111.

[52] 周雪光. 中国国家治理及其模式：一个整体性视角 [J]. 学术月刊, 2014, 46(10): 5–11+32.

[53] HODGSON A, SPOURS K, WARING M. Higher education, Curriculum 2000 and the future reform of 14–19 qualifications in England[J]. Oxford Review of Education, 2007, 31(4).

[54] CROCKER R, USHER A. Innovation and Differentiation in Canada's Post-secondary Institutions[J]. Canadian Policy Research Networks, 2006.

[55] SCOTT G, LERITZ E L. MUMFORD D M. The effectiveness of creativity training: A quantitative review[J]. Creativity Research Journal, 2004, 16(4).

三、学位论文

[1] 陈光友 . 新疆高校预科汉语精读教材分析研究 [D]. 新疆师范大学 , 2010.

[2] 哈丽丹 . 少数民族预科教育课程设置研究 [D]. 陕西师范大学 , 2013.

[3] 何忠志 . 广西民族预科教育研究 [D]. 广西民族大学 , 2009.

[4] 黄顺 . 内蒙古民族预科教育发展研究 [D]. 内蒙古师范大学 , 2011.

[5] 王晓辉 . 一流大学个性化人才培养模式研究 [D]. 华中师范大学 , 2014.

[6] 杨继成 . 教育公平视角下的我国民族预科教育实证研究 [D]. 宁夏大学 , 2015.

[7] 于丽 . 维吾尔族高校预科生汉语韵律偏误分析 [D]. 新疆大学 , 2005.

[8] 郑雪松 . 少数民族预科教育研究 [D]. 中央民族大学 , 2011.

附录一　民族预科教育相关政策一览表

时间	政策颁布机构	发文字号	文件
1979/11/12	国家民委、教育部		《国家民委、教育部关于民族学院工作的基本总结和今后方针任务的报告》
1980/5/26	卫生部、国家民委、教育部		《卫生部、国家民委、教育部关于加强少数民族地区医学教育工作的意见》
1980/6/21	教育部		《教育部关于 1980 年在部分全国重点高等学校试办少数民族班的通知》
1980/10/9	教育部、国家民委		《教育部、国家民委关于加强民族教育工作的意见》
1981/2/19	教育部		《1981 年高等学校招生工作的规定（节录）》
1981/3/21	教育部		《教育部关于 1981 年继续在部分高等学校举办少数民族班的通知》
1981/12/28	文化部、国家民委、教育部		《文化部、国家民委、教育部关于加强民族艺术教育工作的意见（节录）》
1982/1/28	教育部、国家计委、财政部	〔1982〕民教字第 13 号	《教育部、国家计委、财政部关于民族学院干训、预科的经费问题》

续表

时间	政策颁布机构	发文字号	文件
1983/6/19	卫生部、国家民委、教育部		《卫生部、国家民委、教育部关于全国重点高等医学院校培养少数民族高级医学人才的意见》
1984/3/30	教育部、国家民委		《教育部、国家民委关于加强领导和进一步办好高等院校少数民族班的意见》
1984/4/7	教育部	〔1984〕教计字 60 号	《教育部关于同意筹建东北民族学院和西北第二民族学院的批复》
1986/1/8	国家教委		《国家教委关于 1986 年继续在部分高等院校举办少数民族班的通知》
1986/3/3	国家教委		《国家教委关于办高山族班的几点意见》
1987/4/27	国家教委	〔1987〕教学字 014 号	《普通高等学校招生暂行条例》
1988/3/14	广播电影电视部、国家民委		《广播电影电视部、国家民委关于为西藏、青海等省（区）举办民族班的通知》
1988/6/7	国家教委		《西北少数民族师资培训中心第二次工作会议纪要》
1990/2/20	国家教委、国家民委	教民〔1990〕002 号	《国家教委、国家民委关于内地与新疆维吾尔自治区高等教育支援协作规划会议纪要》
1992/10/20	国家教委、国家民委	教民〔1992〕8 号	《国家教委、国家民委关于加强民族教育工作若干问题的意见》
1992/10/21	国家教委、民族地区教育司	教民司〔1992〕22 号	《全国民族教育发展与改革指导纲要（试行）》
1992/11/17	国家教委办公厅	教民厅〔1992〕17 号	《国家教委办公厅关于加强普通高等学校少数民族预科班工作的意见》

续表

时间	政策颁布机构	发文字号	文件
1993/5/12	国家教委办公厅	教民厅〔1993〕10号	《国家教委办公厅关于普通高校少数民族预科班从1993年秋季开始使用统编教材的通知》
1993/7/9	国家民委		《国家民委关于加快所属民族学院改革和发展步伐的若干意见》
1994/7/30	国务院	国发〔1994〕39号	《国务院关于〈中国教育改革和发展纲要〉的实施意见》
1994/12/31	国家教委办公厅、国家民委办公厅	教民厅〔1994〕21号	《全国高等学校少数民族预科基础课程教材修订会议纪要》
1995/10/13	国家教委、国家民委	教民厅〔1995〕10号	《国家教委、国家民委关于内地高等学校支援新疆第三次协作会议纪要》和支援协作规划的通知
1996/10/23	国家民委		《国家民委高等教育事业“九五”计划和2010年发展规划纲要》
1998/4/17	教育部	教民〔1998〕1号	《教育部关于1998年普通高等学校招收民族预科生的通知》
1998/12/30	教育部办公厅	教民厅〔1998〕4号	《教育部关于落实1999年北京大学等11所部属高校招收少数民族班计划任务的通知》
1999/5/19	教育部	教民〔1999〕5号	《教育部关于下达1999年部属高校少数民族班招生来源计划的通知》
2000/1/24	教育部	教民〔2000〕2号	《教育部印发〈关于内地有关城市开办新疆高中班的实施意见〉的通知》
2000/3/13	教育部、国家民委	教民〔2000〕3号	《教育部、国家民委关于印发〈内地高等学校支援新疆第四次协作会议纪要〉和培养少数民族本专科生第四次协作五年招生计划的通知》
2000/5/24	教育部	教民〔2000〕10号	《教育部关于下达2000年普通高等学校少数民族预科班招生计划的通知》

续表

时间	政策颁布机构	发文字号	文件
2001/6/4	教育部	教民〔2001〕3号	《教育部关于下达2001年全国普通高等学校民族预科招生来源计划的通知》
2002/7/7	国务院	国发〔2002〕14号	《国务院关于深化改革加快发展民族教育的决定》
2003/2/8	教育部办公厅	教民厅〔2003〕2号	《教育部办公厅关于全国普通高等学校民族预科班、民族班招生、管理等有关问题的通知》
2004/3/11	教育部、国家民委	教民〔2004〕2号	《教育部、国家民委关于印发〈内地高等学校支援新疆第五次协作会议纪要〉及有关本科生五年招生规划的通知》
2004/3/3	国务院	国发〔2004〕5号	《2003—2007年教育振兴行动计划》
2005/4/1	教育部	教民〔2005〕7号	《普通高等学校少数民族预科班、民族班招生工作管理规定》
2005/6/3	教育部	教民〔2005〕5号	《教育部关于印发〈普通高等学校少数民族预科班、民族班管理办法（试行）〉的通知》
2007/2/27	国务院办公厅	国办发〔2007〕14号	《关于印发少数民族事业“十一五”规划的通知》
2010/7/30	中共中央、国务院	中发〔2010〕12号	《国家中长期教育改革和发展规划纲要（2010—2020年）》
2011/6/20	中国人民银行、财政部、国务院扶贫办、国家发改委、国家民委	民委发〔2011〕70号	关于印发《扶持人口较少民族发展规划（2011—2015年）》的通知
2012/4/26	国家民委、教育部		《国家民委、教育部关于下达2012年国家民委所属院校少数民族预科招生来源计划的通知》
2013/2/20	教育部、财政部、国家发改委	教高〔2013〕2号	关于印发《中西部高等教育振兴计划（2012—2020年）》的通知

续表

时间	政策颁布机构	发文字号	文件
2013/5/6	国家民委、教育部		《国家民委、教育部关于下达2013年国家民委所属院校民族预科招生来源计划的通知》
2014/3/26	国家民委、教育部	民委发〔2014〕32号	《国家民委、教育部关于下达2014年国家民委所属院校民族预科招生来源计划的通知》
2015/1/28	教育部办公厅	教民厅函〔2015〕2号	《教育部办公厅关于编制2015年全国普通高等学校招收内地西藏班新疆高中班毕业生、非西藏生源定向西藏就业、少数民族预科、民族班招生计划的通知》
2015/8/11	国务院	国发〔2015〕46号	《国务院关于加快发展民族教育的决定》
2016/3/10	教育部办公厅	教民厅〔2016〕1号	《教育部办公厅关于编制2016年全国普通高等学校招收少数民族预科、民族班、非西藏生源定向西藏就业、内地西藏班和新疆高中班毕业生招生计划的通知》
2016/4/6	教育部办公厅	教民厅函〔2016〕8号	《教育部办公厅关于开展2016年普通高等学校少数民族预科学生结业会考工作的通知》
2018/3/30	教育部办公厅	教民厅函〔2018〕6号	《教育部办公厅关于切实做好高校少数民族预科学生自主培养工作的通知》
2021/2/26	教育部、中央统战部、国家发改委、国家民委、财政部	教民〔2020〕4号	《教育部、中央统战部、国家发改委、国家民委、财政部等五部门关于办好新时代高校民族预科教育的意见》

附录二　民族预科办学状况调查问卷（学生卷）

亲爱的同学：

您好！感谢您阅读这份调查问卷。为了进一步了解我国高校预科办学的状况，进一步提高预科办学质量，请您根据自身实际情况如实填写此问卷。所选答案没有对错之分，调查结果只作研究之用，请根据您的实际情况放心独立填写。我们承诺对您的个人信息和填答内容保密。

教育部民族教育发展中心民族教育政策与法规重点研究基地

一、基本信息

年龄：________性别：_______民族：______

母语：_______年级：________学习汉语文年限：___________

您攻读预科前的生源地：

□少数民族为主的城市社区　□少数民族为主的农村地区

□汉族为主的城市社区　□汉族为主的城市社区　□其他

二、民族预科办学状况

1. 您对母校总体满意度：

□很不满意　□不满意　□一般　□满意　□很满意

2. 您对攻读民族预科的总体满意度：

□很不满意　□不满意　□一般　□满意　□很满意

3. 您的高考成绩高于您所在学校预科录取线多少分？

A.10 分以内　B.10—20 分　C.21—30 分　D.31—40 分

E.40 分以上

4 下列关于预科教育的认识，请您在备选项中选出一个答案，在相应的空格内打“√”

预科教育的认识	不同意	不大同意	一般	比较同意	同意
（1）大学预科教育重要且必要					
（2）大学预科与高中教育有差异					
（3）您对实现自己未来发展目标有信心					
（4）预科与未来的大学专业教育密切相关					
（5）大学预科教育的培养目标明确					
（6）本校预科的办学特色鲜明					

5. 您对本校下列要素的总体满意程度如何？认为其重要程度如何？请在每个要素的两侧各选出一个答案，在相应的空格内打“√”（从 1 分到 5 分，分数越高代表满意度和重要度越高）。

重要程度					要素	满意程度				
1	2	3	4	5		1	2	3	4	5
					（1）基础课教师					
					（2）选修课教师					
					（3）管理人员					
					（4）课程设置					

续表

重要程度					要素	满意程度				
1	2	3	4	5		1	2	3	4	5
					（5）教学方法					
					（6）生活设施					
					（7）网络、图书资料					
					（8）实训教室及实验设施					
					（9）实践教学					
					（10）奖助学金					
					（11）会考指导					
					（12）升学指导					

6. 您认为在预科阶段必修课应占总课程的多少比例？（　　）

A.25% 以下　B.25%—50%　C.50%—75%　D.75% 以上

7. 您认为在预科阶段选修课应占总课程的多少比例？（　　）

A.25% 以下　B.25%—50%　C.50%—75%　D.75% 以上

8. 您认为大学预科是否应该实行学分制（按学分收费）？（　　）

A. 应该　B. 不应该　C. 无所谓

9. 请您对以下必修课程开设的重要性进行排序（顺序依次为最重要至最不重要）（　　）

A. 汉语　B. 英语　C. 计算机　D. 数学

E. 思想政治课　F. 物理、化学等基础课

10. 请您对以下选修课程开设的重要性进行排序（顺序依次为最重要至最不重要）。（　　）

A. 阅读（汉语、英语）　B. 音乐、美术、书法

C. 学术讲座　D. 艺术赏析

E. 素质拓展等活动课　　F. 普通话表达与交流

G. 当地民俗课程　　H. 体育　　I. 升本专业指导课

11. 您认为哪些课程应采用统编教材？（可多选）　　（　　）

A. 汉语、数学、英语等基础课程　　B. 思想政治课

C. 民俗课程　　D. 升本专业指导课

E. 物理、化学等理工基础课　　F. 其他

12. 您认为哪些课程可根据情况自编教材？（可多选）　　（　　）

A. 专业选修课　　B. 计算机基础　　C. 汉语　　D. 其他

13. 请您对课程的难易程度进行排序（依次从最难至最容易）。

（　　）

A. 数学　　B. 英语　　C. 汉语

D 物理 / 化学　　E. 思想政治　　F. 其他

14. 您对预科升本科是否感到困难？　　（　　）

A. 非常有困难　　B. 比较有困难　　C. 有一点困难

D. 没有困难　　E. 没有任何困难

15. 您在预升本过程中最担心的问题是什么？（可多选）　　（　　）

A. 汉语水平不好，影响升本后学业成绩

B. 学习成绩不好，不能选择自己心仪的专业

C. 作为预科生，心理上有落差

D. 年龄有所差距，人际关系处理困难

E. 其他

16. 您读预科最大的收获是什么？（可多选）　　（　　）

A. 交到了很多不同民族的朋友

B. 汉语水平得到了提升

C. 提前感受了大学生活

D. 学习了高中没有学习和没有学好的知识

E. 其他

17. 您是否主张大学预科应该严格考核，采用淘汰制？　　（　　）

A. 应该　　B. 不应该　　C. 没考虑过，无所谓

18. 若您 16 题选 A，请回答此题：您为什么主张大学预科应严格考核，采用淘汰制？

19. 若您 16 题选 B，请回答此题：您为什么不主张大学预科应严格考核，采用淘汰制？

20. 您对提高预科教育质量有什么意见或建议？

附录三　预科教育人才培养模式访谈提纲

一、对管理者的访谈

1. 在民族预科人才培养过程中，您认为怎样定位其培养目标？现有的人才培养目标存在哪些问题？

2. 课程设置是怎样的？主要包括哪些方面？

3. 实行了必修和选修课，这么做是什么目的呢？

4. 在教学的方式以及手段上进行了哪些创新？为什么创新？

5. 管理制度方面，为什么进行学分制改革，取得了什么样的效果？

6. 是否赞成会考制度，有何弊病？是否赞同取消会考，应该如何改革？

7. 培养模式创新的背景有哪些？

8. 培养模式创新有哪些成效？

9. 在创新的过程中存在哪些问题？制约因素有哪些，应该如何改革？

二、对任课教师的访谈

1. 您认为教学方式在改革创新的过程中出现了哪些问题？

2. 改革创新过后，教学成效如何？

3. 改革创新之后，学生学习成效如何？

4. 学生的培养质量如何？

5. 您认为还有哪些方面需要改进？

三、对学生的访谈

1. 你的家乡在哪里？入学时的成绩如何？以后想在哪里就业？

2. 是否赞成会考？会考的意义是什么？

3. 你对学分制包括现有的选课制度怎么看？

4. 你认为应该开设哪些选修课程？

5. 在预科阶段的学习中，你更愿意补习高中课程还是为大学做准备？

6. 你对大学专业的选择是否有方向？

附录四　关于人才培养模式的访谈（节选）

1. 笔者与 Z 校预科教育学院学生访谈内容

以下是笔者与 Z 校预科教育学院的民族预科生的访谈截取，笔者简称 A，预科学院学生简称 W:

A：你觉得现在所学的课程对以后会有帮助吗?

W：我认为是有帮助的，虽然学校给我们的课程有些是为了补习高中的知识，但大部分还是以预习大学课程为主，比如英语、高数、计算机基础。听学长学姐说学习了这些课程以后在开展大学课程的学习的时候就会容易得多，它们之间是有衔接性的。

A：你们认为有开设选修课的必要吗?

W：当然有，这好像也是我们学校的特色。我喜欢上书法课，选修课有助于增加我们对学习的兴趣。

A：那么你希望对哪些部分加以改进呢?

W：我觉得课时较多，经常会感觉时间不够用，并且在以后专业选择方面有点迷茫。希望学校多开设和大学专业相关的课程，使我们有初步的了解。

2. 笔者与Z校教导主任访谈内容

以下是笔者与Z校教导主任的访谈截取，笔者简称A，教导主任简称H:

A：预科学院目前采取的是什么样的管理制度呢？

H：目前我们学院采取的是双重管理办法，由以前的单一领导管理转变为现在的班主任和院系领导双重责任制，这样可以更细致地对学生进行管理，也更容易随时了解学生的心理状态。这对提高教学质量也有显著的效果。

A：如何确保这种双重管理制度顺利开展呢？

H：为了确保其顺利执行，我们做了很多努力。首先是制定完善的规章制度，在制度上对其作出要求，从而进行规范管理。

A：采取的具体措施有哪些呢？

H：为了贯彻实施双重管理制度，我们做了一系列的改革措施。第一，院里每周都会在固定时间开班主任联合会议，对学生的各方面做一个综合反馈和评定，比如他们近一周的思想状态、课堂表现、学习成绩等各方面的情况，然后我们和班主任会针对这些情况进行分析，对出现的问题及时提出解决的方案。第二，在新生入学的时候就对他们提前进行预备教育，便于管理工作更高效的开展，组织他们学习《学生管理手册》并进行考试，同时还要求学生制定自己的学习计划和目标，使他们在学习的时候方向更加明确。第三，运用学生干部融于学生群体的优势，发挥他们的作用，使学生干部、任课老师以及班主任保持密切的沟通，做好考勤工作，定期进行考察并且张榜公布，采取奖惩措施。第四，引进激励竞争机制，同学们相互监督、相互帮助，良性循环，不仅激发了学生对学习的热情，还调动了他们的积极性。

3. 笔者与Z校预科学院任课教师访谈内容

以下是笔者与Z校预科学院任课老师的访谈截取，笔者简称A，预科学院老师简称M：

A: 您认为我国办预科的目的是什么呢？

M: 我认为国家的初衷是为了照顾教育较落后的少数民族学生，实行降分政策，所以从最早提出降 20 分，后来变为降 80 分。但是经过多年发展慢慢变味了，很多家长和学生为了选个好学校或者热门专业，宁愿选择先读一年预科。现在许多高校录取预科生基本都不用降低分数线，好的学校的学生甚至直逼重点线，很多大省甚至直接出现超过重点线的情况，比如广西。

A: 只是把预科作为进入好的大学学习的跳板吗?

M: 可以这么说，有相当大一部分这种情况存在。国家办民族预科就是为了照顾民族地区教育比较落后的地区，在政策上给予他们一些倾斜，但是现在高校招进来的预科生很多在高中就读的学校就是省重点高中，生活的地方也基本都在城市。这样就占用了真正需要预科教育的学生的名额。

A: 那么，您觉得学生中来自教育落后的少数民族地区或者边远山区及牧区的学生比例有多少呢?

M: 特别特别少，因为有分数线在那儿摆着，教育太落后的地区，学生也考不过来。

4. 笔者与 Z 校预科教育学院管理者访谈内容

以下是笔者与 Z 校预科学院管理者的访谈截取，笔者简称 A，管理者简称 Y:

A：会考如果不通过会怎样?

Y：目前还没有出现会考没有通过的情况，但按照制度来说，如果没通过是不能顺利毕业的。回去重新准备下年的高考? 这基本不可能。本来这个预科政策就是为了帮助学生进入更好的学校，如果重新高考，那么这个政策就毫无意义，只会耽误学生的青春。

A：那么会让学生再读一年吗?

Y：再读一年预科? 这也不太可能。因为目前为止并没有文件提到再来一年，而且从学校来说为了学生好也不想再多留一年。至于别的可能我也想不到，我认为这个会考应该不会对大家进入目标院校有影响（而且有不少人已经定了专业）。再者，全国各地预科水平有所差别，会考的难度肯定较为简单，大部分人都能通过，所以大家不必太担心。无论如何，学生还是应该把必修课程学好。

A：那么您赞成会考制度这种形式吗?

Y：从我们学校的情况来看，会考有点画蛇添足了，并且每年准备会考会浪费不少人力物力，教师和学生会花费大量的精力在这个考试上，而我们真正学习的时间也就一年，浪费资源的同时还干扰了学校的办学自主权。对于学生来讲，也不利于他们的个性发展，会考的性质没有体现出民族预科应有的特点。

后　记

由于工作的原因，我走入了民族预科教育的研究领域。自2015年算起，先后围绕民族预科教育发表了一系列研究文章，曾主持和参加了多项国家级、省部级研究项目。本专著是国家社会科学基金教育学一般课题“新中国成立70年民族预科教育发展历史与经验研究”（BMA190031）的研究成果。

民族预科教育是我国民族高等教育的重要组成部分，是我国从实际出发为民族地区培养合格专门人才而设立的高等教育特殊形式。党的二十大为全国人民擘画了宏伟蓝图，也为我国民族预科教育工作指明了前进方向和奋斗目标。推动民族预科教育高质量发展是新时代民族预科教育改革发展的必然选择。

感谢辽宁石油化工大学预科教育学院、西南民族大学预科教育学院、广西民族大学民族预科教育学院、中南民族大学预科教育学院等单位领导和老师提供的大力支持！感谢中南民族大学教育学院、教育部民族教育发展中心民族教育政策与法规重点研究基地以及武昌理工学院对本专著出版的支持！

感谢课题组成员和我的学生们的辛勤劳动。他们是赵锐、宋洁绚、蒋永红、熊倩、梁好、胡绮轩、焦雯静、刘海琴等。

由于水平所限，书中难免会存在缺点和错误，希望读者和方家不吝赐教。

胡炳仙

2023年3月14日